Finja Fenchel Titanwurz

Die Reise auf dem Wolkenpferd

Dieses Buch ist in Produktionsprozessen hergestellt worden, bei denen die Auswahl umweltfreundlicher Lösungen und Materialien im Vordergrund stand. Die verwendeten Farben entsprechen den EU-Anforderungen für diese Art von Produkten. Alle verwendeten Chemikalien erfüllen die Anforderungen der REACH-Richtlinie (EG 1907/2006). Gedruckt nach Maßgaben zum Schutz von Mensch und Umwelt.

Originalausgabe

Lektorat: Meret Wahlen
Umschlag- und Innengestaltung: Luise John, Pikdrei, Mannheim
Umschlagbild und Illustrationen im Buch: Laura Hari

Printed in Europe
ISBN 978-3-96448-043-9
www.autumnus-verlag.de

Laura Hari

Finja Fenchel Titanwurz

Die Reise auf dem Wolkenpferd

Mit Illustrationen von der Autorin

Für meine Töchter
Anna Lara und Sophia Luna

Dieses Buch gehört:

Inhalt

JULIAN
PATENTANTE LUNA
FINJA / WANDA
LUISA

PAPA PETER
PILVI
MAMA PIA

Hallo!

Ich heiße Finja und ich möchte dir eine märchenhafte Geschichte erzählen, wie du sie dir kaum vorstellen kannst! Mir selbst kommt sie manchmal wie ein Traum vor. Aber – sie ist mir wirklich und wahrhaftig, und genau so passiert! Ungelogen! Es war in dem Sommer, in dem ich neun Jahre alt war. Ich wusste schon ganz schön viel. Doch das, was ich in dem Sommer erlebte, das waren Dinge, von denen ich nie gedacht hätte, dass es die tatsächlich gibt! Eines davon sind „Wolkenpferde“... Denn stell dir vor, ich bin mit einem Wolkenpferd befreundet!

Hast du davon schon einmal gehört, von Wolkenpferden? Kennst du es auch? Es heißt Pilvi. Zusammen sind wir auf eine abenteuerliche Reise gegangen, auf der Suche nach meinen Eltern – ich kenne meine Eltern nicht. Noch so eine Sache, von der ich dir erzählen will.

Pilvi, also das Wolkenpferd, das reist von Wolke zu Wolke am Himmel! Auf den Wolken leben richtige Lebewesen. Wirklich und wahrhaftig! Die Murmels, die Mondgesicht-Überkopf-Wolkenwesen, ja sogar der Kleine Prinz und andere Figuren aus Büchern!

Mach es dir schön gemütlich, am besten so, als würdest du auf einer flauschigen Wolke sitzen! Und hör dir das an, was ich zu erzählen habe!

Finja Fenchel Titanwurz
und das Brummkreisel-Wortband

„Brummkreisel brumm,
dreh dich im Kreis herum,
dreh dich, schneller und schneller,
wie ein flinker Propeller … "

So sing ich leise vor mich hin, während ich meinen alten Brummkreisel immer wieder im Kreise drehe. Der Brummkreisel ist für mich eine Erinnerung an die Zeit, als ich noch ganz klein war. Ich liebe dieses leicht verbeulte Blechspielzeug noch immer – auch wenn ich eigentlich aus dem Brummkreisel-Alter längst herausgewachsen bin.

Meine Patentante, Luna Mathilda Brokkoli, hat ihn mir einst zu Weihnachten geschenkt. Damals war ich zwei Jahre alt. Ich mag Luna unheimlich gern, Brokkoli (das Gemüse!) übrigens auch. In unserer Familie scheint es eine Vorliebe für seltsame Namen zu geben. Allein mein Name: Finja Fenchel Titanwurz.

Warum heiße ich Fenchel, wenn ich doch viel lieber Pfefferminztee trinke?
Und warum, um Himmelswillen, heiße ich Titanwurz?!! Kennst du diese seltsame Blume, die wie ein verfaulter Fisch stinkt? Verantwortungsvolle Eltern können ihr Kind doch nicht nach einer stinkigen Blume benennen! Außerdem reimt sich Furz auf Wurz. Da kannst du eins und eins zusammenzählen, und weißt gleich, mit welchem Spitznamen mich meine Mitschüler geneckt haben. Zum Glück liegt die „Furzi"-Periode seit der dritten Klasse hinter mir. Ich hatte nämlich eine coole Idee. Ich verrate sie dir gleich.

Aber erst muss ich dir noch erzählen, warum ich meine richtigen Eltern nicht kenne! Leider habe ich keinerlei Erinnerung an meine wirkliche Mama und meinen wirklichen Papa. Ich bin bei Pia und Peter aufgewachsen, meinen Pflegeeltern. (So heißt das offiziell, „Pflegeeltern". Puh! Ich finde, das Wort klingt echt blöd!) Meine Mama-Pia und meinen Papa-Peter habe ich sehr, sehr lieb. Pia hieß übrigens vor ihrer Heirat mit meinem Papa „Prause" und Peter „Pantoffel" mit Nachnamen. Nach der Heirat ergab das die lustige Kombination Prause-Pantoffel. Auch nicht viel besser als Fenchel Titanwurz, oder?

Wie ich zu Pia und Peter gekommen bin? Eines Tages hatte mich eine Ärztin in einem weißen Weidenkörbchen in der Babyklappe eines Kinderhospitals gefunden. Diese tragische Geschichte stand in allen Tageszeitungen. Ich war quasi schon früh berühmt! Damals war ich erst acht Monate alt. Ich weiß nicht, wo ich zur Welt gekommen bin.

Das ist wie ein schwarzer Fleck auf der Landkarte meines Lebens. Wie eine geheimnisvolle Wolke schwebt das Rätsel über meinem Kopf. Wenn ich mich einsam und traurig fühle, schaue ich manchmal nach oben und wundere mich über diese Wolke. Aber oft vergesse ich es auch. Eigentlich die meiste Zeit! Es gibt soviel Schönes zu erleben! Ich spiele fast jeden Tag mit meinen Freundinnen.
Luisa ist meine beste Freundin. Wir verbringen viel Zeit miteinander. Sie wohnt bei mir um die Ecke, nur drei Häuser weiter. Das ist voll praktisch! Vorhin sind wir zusammen Inlineskates gefahren. Meine sind weiß, rosa und lila, mit leuchtenden Streifen und Sternchen an der Seite. Echt schick! Das Skaten macht uns richtig Spaß. Wie Düsenjäger rollen wir über die Piste. Ihr kleiner Bruder Julian kurvt uns manchmal mit seinem Skateboard zwischen die Beine. Der kleine Zwerg kann echt voll nervig sein! Aber er kann auch unheimlich süß sein. Dann könnte ich ihn mit Zuckerguss übergießen und abschlecken. Das mag er natürlich nicht.

Ich habe leider keine Geschwister. Luisa ist aber ein bisschen wie eine Schwester für mich. Die Frage, woher ich komme, beschäftigt mich, seit ich denken kann. Immer wieder träume ich von einer Reise zum Ort meiner Geburt.

Finja Fenchel Titanwurz. Ein absolut unmöglicher Name!
So, ich wollte dir ja noch etwas verraten. Die „Furzi"-Periode hörte schlagartig auf, als ich meinen Namen änderte.
Seit der dritten Klasse nenne ich mich nämlich Wanda Lianda aus Makkaronien. Das klingt gut, und ich liebe Makkaroni.
Es ist mein Lieblingsessen, Makkaroni mit Tomatensoße.
Und Makkaronien klingt nach einem exotischen Land.
Vielleicht wurde ich ja auf einer exotischen Insel geboren?

Das Spiel mit dem Brummkreisel macht mir immer noch Spaß.
Ich kann dabei meine Gedanken baumeln lassen, oder einfach nur die Farben des Kreisels betrachten.

An diesem herrlichen Sommertag beobachte ich aufmerksam das bunte Farbenspiel und höre dem pfeifenden Ton zu, der beim Drehen des Brummkreisels entsteht. Und dann geschieht etwas vollkommen Unglaubliches! Stell dir vor, plötzlich dreht sich eine Spirale aus Buchstaben aus dem Kreisel in die Luft.
Ein langes Band aus Worten und Sätzen wirbelt durch mein Kinderzimmer.
Ich denke, mich tritt ein Pferd! Das Wortband wird immer länger und länger. Hast du sowas Merkwürdiges schon mal gesehen? Also ich nicht! Ich kenne nur Geschenkbänder in verschiedenen Farben und Mustern. Aber ein WORTBAND habe ich noch nie gesehen. Schon gar keines, welches aus einem Brummkreisel herausfliegt. Mein ganzes Zimmer füllt sich mit tausenden Wörtern.
Ich höre, wie eine sanfte Stimme leise die Wörter vorliest.
Was ist das für eine Stimme? Einen sprechenden Brummkreisel gibt es doch nicht! Mir ist voll spooky zumute.

Ist es eine fremde, oder doch meine eigene Stimme?
Ich bin mir echt nicht sicher. Angestrengt spitze ich meine Ohren, um den Inhalt des Wortbandes zu verstehen.
Doch der Kreisel wird langsamer, stoppt, und fällt sirrend zur Seite auf den Boden. Der Strom der Wörter versiegt so plötzlich, wie er gekommen ist.
Es ist wieder still, fast schon gespenstisch still.
Mein Herz wummert aufgeregt.
Ungeduldig suche ich den Anfang des langen Wortbandes. Verstreut liegt es auf dem Holzfußboden. Das riesige, in sich gekringelte Papierknäuel ist wohl einige hundert Meter lang. Es gleicht einer riesigen Papierschlange. Nach einer Weile finde ich endlich den Anfang des Bandes und lege es ordentlich vor mir hin. Neugierig setze ich mich in den Schneidersitz. Zentimeter für Zentimeter schiebe ich das schmale Papierband zwischen meine Finger.
Wort für Wort lese ich diese ungewöhnliche Geschichte. Zwischen den Sätzen befinden sich seltsamerweise keine Punkte, Ausrufezeichen oder Fragezeichen. Ein einziger Wortfluss schwebt vor meinen Augen entlang.
Um in diesem Wortdschungel nicht die Orientierung zu verlieren, markiere ich die Satzenden mit einem roten Strich.

Wandas Bekanntschaft
mit dem Wolkenpferd Pilvi

Mit lauter Stimme lese ich mir das Wortband vor.

Das Wolkenpferd Pilvi ist ein ganz besonderes Pferd | An einem sonnigen Tag im August entsteht Pilvi aus einer weißen Cumuluswolke am blauen Himmel | Diese besonderen Wolken entstehen meist bei sonnigem Wetter, wenn die Luft etwas feuchter ist | Es sind diese dicken Wolken, die wie bauschige Watteбälle oder wie strahlend weiße Blumenkohlköpfe am Himmel aussehen | Wäre der Himmel wolkenlos gewesen oder höchstens mit einzelnen Cirruswolken geschmückt, dann hätte es das Wolkenpferd Pilvi vielleicht nie gegeben | Cirruswolken sehen aus wie zarte, chinesische Seidenbänder | ...

›Sonderbar! Wieso spuckt mein Brummkreisel ein Wortband aus und erzählt mir irgendwelche komischen Märchen über Wolkenpferde? Das ist echt strange! Hm, ich habe noch nie etwas über Wolkenpferde gelesen oder gehört. In der Wirklichkeit gibt es die auf keinen Fall. In meinem Tierlexikon tauchen diese seltsamen Wolkenpferde jedenfalls nicht auf. Sind bestimmt Fabelwesen. Sowas wie Einhörner oder so‹, grübel ich.

In einem Buch über Wolken habe ich gelesen, dass ‚Cirrus' lateinisch Haarlocke heißt. Vielleicht verlieren die Wolkenpferde beim Galoppieren durch die Lüfte einzelne Haare ihrer prachtvollen Mähne, die dann als Cirruswolken am Himmel erscheinen? Manchmal stelle ich mir solche merkwürdigen Sachen vor. Meine Tante Luna sagt dann immer lachend: „Mein Wanda-Mädchen, ich glaube, deine Fantasiepferde drehen gerade wieder durch! Mit deiner Fantasie könntest du einen ganzen Ozean füllen. Hätte die Welt soviel Fantasie wie du, gäbe es nirgends auf der Welt Wassermangel. Bei mir reicht es leider nur für einen kleinen Dorfteich."

Ich stelle mir zum Beispiel vor, dass es den Beruf des Himmeldekorateurs gibt. Ein Mann, der jeden Tag neu entscheidet, welche Wolken am Himmel fliegen.
Wie ein Maler bestimmt er die Wolkenkompositionen.
Hast du manchmal auch so witzige Ideen?
Nachdem ich meine Gedanken wieder etwas gerade gerückt habe (manchmal schweife ich gerne ab), lese ich gespannt das Wortband weiter.

Das Wolkenpferd Pilvi sieht aus wie ein schneeweißer Schimmel | An manchen Tagen ist sein Fell aber auch graufleckig oder schwarz oder blau oder regenbogenfarbig gestreift oder rot-rosa-orange, je nach Wetterlage | Pilvi liebt diese Wandlungsfähigkeit | Jeden Tag sieht es anders aus | Es ist schon viel gereist und hat den ganzen Wolkenhimmel über der Erde erkundet | Von oben sieht die Erde fantastisch aus | Meere, Seen, Flüsse, Gebirge, Vulkane, Wüsten, Inseln - ein Reichtum an Farben und Formen | Pilvi hat eine spezielle Wolkenlupe, wenn es Dinge auf der Erde näher betrachten möchte | So sieht es in diesem Moment, wie Wanda Lianda aus Makkaronien auf dem Teppich in ihrem Zimmer sitzt, mit einem Brummkreisel und einem Band aus Worten | Das Wolkenpferd wundert sich über das Wortband | So etwas Merkwürdiges hat es noch nie gesehen | Pilvi vergrößert die Lupeneinstellung und erkennt, dass das Mädchen über Pilvi das Wolkenpferd liest |

Hier verbinden sich unsere beiden Geschichten:
die Geschichte vom Wolkenpferd Pilvi und
meine Geschichte.

Wolkensprache und wunderirribaff-superdatterperplexatisch

Das Wolkenpferd Pilvi entschließt sich, von seiner Cumuluswolke am Himmel in mein Zimmer hineinzuspringen. Wie vom Blitz getroffen, schaue ich überrascht meinen ungewöhnlichen Gast an, der gerade durch mein offenes Fenster gesprungen ist. Vor mir steht ein wunderschöner Schimmel. Auf seinem Fell schimmern einzelne bunte Streifen, wie bei einem Regenbogen. Unglaublich! So was gibt es doch gar nicht!
Drehen meine Fantasiepferde gerade wieder durch?
Nachdem ich langsam meine Sprache wieder gefunden habe, frage ich mit zittriger Stimme, vollkommen verwirrt:
„H-Hallo, w-wer bist du denn?“
„Ichao binao dasao Wolkenpferdao, Pilvi.“
„Wie bitte? Was hast du gesagt? Ich verstehe dich nicht.“
Mit großen Augen schaue ich das Wolkenpferd verdutzt an. Spreche ich gerade wirklich mit einem Pferd?! Ich versuche, mich auf das Pferdemaul zu konzentrieren.

Vielleicht würde ich durch Lippenlesen mehr verstehen.
„Sprich bitte laaangsamer!“, fordere ich Pilvi freundlich auf.
„Ich-ao bin-ao das-ao Wolkenpferd-ao, Pilvi. Hast-ao du-ao mich-ao jetzt-ao verstanden-ao? Ich-ao spreche-ao Wolkensprache-ao.“
„Aha, du bist das Wolkenpferd Pilvi und sprichst Wolkensprache!“, stelle ich verblüfft fest. „Deine Sprache klingt aber kompliziert. Kannst du denn auch meine sprechen? Dann verstehe ich dich leichter.“
„Ja, aber sicher kann ich das. Wir Wolkenpferde können viele Sprachen sprechen. Kein Problem!“, antwortet Pilvi und wiehert wolkisch. „Der Ursprung der Wolkensprache liegt über der Insel Hawaii. Wolke heißt auf Hawaiianisch ‚*ao*‘. Daher hängen wir Wolkenpferde an jedes Wort die Nachsilbe ‚*-ao*‘.“
„Alles klar, jetzt verstehe ich dich super! Übrigens habe ich gerade von dir gelesen. Mein Brummkreisel hat ein Wortband mit einer Geschichte in die Luft gewirbelt.
Da ist von dir die Rede. Und jetzt bist du plötzlich hier!
Echt merkwürdig!“

Ich bin mir nicht sicher, ob ich träume oder alles Wirklichkeit ist. Bilde ich mir das Wolkenpferd Pilvi nur ein? Langsam stehe ich auf, um das Pferd nicht zu erschrecken. Auf Zehenspitzen gehe ich zu Pilvi hinüber und streichle sein weiches Fell und die wuschlige Mähne. Ich habe keine Angst vor dem großen Pferd. Sein Körper fühlt sich warm an, so wie bei richtigen Pferden.
Die Frage, ob ich träume, schiebe ich auf später auf.
Im Moment ist mir das egal.
In meinem Zimmer steht wirklich ein Pferd.

Wir unterhalten uns sogar!
„Was ist ein Wolkenpferd?“, frage ich,
die ich noch nie ein Wolkenpferd gesehen habe.
„Wolkenpferde werden in Wolken geboren“,
erwidert Pilvi mit einem leisen, stolzen Wiehern.
„Und warum heißt du Pilvi?“
„Meine Geburtswolke schwebte gerade über Finnland,
als ich geboren wurde. Pilvi bedeutet auf Finnisch Wolke.“
„Ein wunderschöner Name! Ich heiße Finja Fenchel Titanwurz.
Das ist mein Geburtsname. Den Namen mag ich aber nicht.
Finja kommt vom altnordischen Wort ‚*finnr*‘.
Es bedeutet, dass die Person aus Finnland stammt.
Ist das nicht seltsam? Du heißt Pilvi und ich heiße Finja,
und beide Namen haben etwas mit Finnland zu tun.
Vielleicht haben wir uns deshalb kennengelernt?
Mein Fantasiename ist aber Wanda Lianda aus Makkaronien.
Diesen Namen finde ich viel schöner.
Aber vielleicht weißt du das alles schon?“
Plötzlich habe ich das Gefühl, dass das Pferd mehr
über mich weiß als umgekehrt.

Schon schießt mir die nächste Frage durch den Kopf:
„Dann sind deine Eltern zwei Wolken gewesen?“
„Ein, zwei, drei, ich weiß es nicht so genau. Es war eine große
Wolke, die vielleicht aus mehreren Wolken entstanden ist“,
sagt Pilvi nachdenklich.
„Aus einer Wolke zu entstehen, finde ich schön. Ich liebe es,
die Wolken am Himmel zu betrachten. Bei langen Autofahrten
wird mir dann nicht langweilig. Manchmal sehe ich in den
Wolken Gesichter oder Hasen oder Drachen; alles Mögliche.“

Ich denke nach. „Gibt es auch Wolkenhasen?
Oder Wolkendelfine?"
Pilvi wiehert zustimmend: „Na klaro! In der Wolkensprache gibt es auch viele Dialekte, hasenwolkisch, delfinwolkisch und viele weitere. Ich verstehe nicht alle Dialekte, am ehesten noch die Zebra-, Hunde- und Kamelwolkensprache."
„In unserer Menschensprache gibt es auch viele Sprachen: Deutsch, Englisch, Französisch, Spanisch, Russisch, Chinesisch und viele mehr. Natürlich gibt es auch Tiersprachen. Einige Tiere können sogar die Sprache der Menschen nachahmen. Papageien und Delfine zum Beispiel."
„Das ist beeindruckend! In der Wolkensprache gibt es auch unzählig viele Sprachen. Tausende!"
Mir bleibt vor Staunen der Mund offen stehen:
„Wow, so viele Sprachen gibt es bei euch?
Da bin ich aber wunderirribaffsuperdatterperplexatisch."
Das Wolkenpferd rollt verdutzt seine Augen:
„Was hast du gesagt? Was bedeutet dieses lange Wort?
Wunder-irri-baff-super-datter-perplexatisch?"
Ich lache auf. „Das sage ich immer, wenn mich etwas total vom Hocker reißt. Jemand anderes wäre in so einem Falle vielleicht sprachlos und würde vor Verblüffung gar kein Wort rausbekommen. Ich habe mir dieses Wort für solche Situationen ausgedacht. Findest du es nicht auch lustig?"
„Ja, es ist aber ein ziemlicher Zungenbrecher.
Mir kommt das bekannt vor.
Aha, ich erinnere mich. Klar! Lulu Violetta, eine gute Freundin von mir auf der Wolke Nummer 7777,
einer besonders gemütlichen Wolke, hat doch das Wort „fantasticoexcellentofabulofamosograndios" erfunden.
Kennst du es?"
„Hhm, nein, ich glaube nicht! Aber sie ist bestimmt supernett.
Menschen, die ulkige Wörter erfinden, sind immer nett."

„Sie ist das ungewöhnlichste Kindermädchen, das ich kenne. Lulu kann nämlich zaubern. Aber ganz ohne Zauberstab und den ganzen Hexenkrimskrams. Lulu Violetta ist eine elegante, charmante Dame. Ein ganz reizendes Frauenzimmer.
Wie ihr Name schon sagt, trägt sie am liebsten Violett."
„Echt, das ist ja wunderirribaffsuperdatterperplexatisch!
Ich würde sie unheimlich gerne einmal kennenlernen.
So ein Kindermädchen habe ich mir immer gewünscht."

Kurz halte ich inne. Ich überlege, was Pilvi noch über mich wissen sollte. Zögerlich beginne ich, davon zu erzählen, dass ich meine Eltern nicht kenne, und von der ganzen Sache mit der Babyklappe. Und dass ich manchmal spüre, dass etwas in meinem Leben fehlt. Wer sind meine richtigen Eltern? Leben sie noch? Wo wurde ich geboren?
Hilfesuchend und hoffnungsvoll blicke ich das Pferd an.
Eine Strähne meiner langen braunen und wuschligen Haare fällt in mein Gesicht. Verlegen streiche ich die Haarsträhne beiseite und lächle.
„Warum bist du eigentlich so bunt gestreift?
Ich kenne keine gestreiften Pferde. Außer Zebras."
„Das hängt bei mir immer vom Wetter ab.
Heute war ein Regenbogentag.
Bei sonnigem Wetter sehe ich wie ein Schimmel aus.
Bei Regen blau-grau, bei Gewitter manchmal sogar schwarz."
„Verstehe, du bist wetterfühlig", erwidere ich lachend.
„Das kenne ich von meiner Mama Pia. Sie bekommt bei Regenwetter oft Kopfschmerzen, schläft unruhig, oder ihre Stimmung ist schlecht. Aber ihre Haut verfärbt sich nicht.
Außer wenn sie zu lange in der Sonne liegt und einen

Sonnenbrand bekommt, dann bildet sich auf ihrer Haut ein rot-weißes Muster. Einige Körperstellen werden vom Sonnenbrand rot, und die mit Stoff bedeckten bleiben hell. Das kann lustig aussehen, je nach dem, welche Kleidung Mama an dem Tag trägt. Einmal, an einem heißen, sonnigen Tag, trug sie einen Strohhut mit großen Löchern. Am Abend hatte sie lauter rote Punkte im Gesicht, hihi", kichere ich.

„Sie sah aus wie ein Marienkäfer. Es wäre doch toll gewesen, wenn die Punkte im Gesicht meiner Mama Wunschpunkte gewesen wären. Ich hätte mir dann unzählige Wünsche ausdenken können."

Pilvi lacht auf.

„Ja, das wäre eine gute Idee. Wunschpunkte! Ja, Wunschpunkte", wiederholt Pilvi und fährt etwas nachdenklicher fort: „Vielleicht treffen wir ja noch Lulu Violetta irgendwann. Sie kann übrigens auch Wünsche erfüllen!"

„Wow, echt? Das wäre toll! Sag mal, Pilvi, hast du Lust bei mir zu übernachten? Es ist schon spät und ich bin sehr müde. Können wir morgen weiterreden?"

Bei den letzten Worten muss ich einen großen Gähner unterdrücken.

„Ja, mit Vergnügen!", antwortet das Wolkenpferd.

„Wo möchtest du schlafen?", frage ich freundlich, während ich langsam wie ein Faultier in meinen bunten Schlafanzug schlüpfe.

„Ich schlafe gern wie eine Wolke in der Luft. Wenn ich so dahin schwebe, habe ich die schönsten Träume."

„Wie du magst. Ich putze noch meine Zähne und sage meinen Eltern „Gute Nacht"."

Schnell flitze ich ins Badezimmer. Als ich wieder in mein Zimmer komme, schläft Pilvi schon. Wie ein Luftballon schwebt er in der Luft. Auf seinem, jetzt nachtblauen Fell, leuchten lauter goldene Sterne wie am Nachthimmel. Leise gehe ich auf Zehenspitzen zu ihm hin. Sanft streichle ich noch einmal seine wuschlige Mähne. Mit kaum hörbarer Stimme flüstere ich in sein Ohr: „Ich freue mich, dass ich so einen wunderbaren neuen Freund gefunden habe! Schlaf gut, bis morgen früh!" Glücklich kuschel ich mich in mein flauschiges Bett. Im Nu schließen sich meine müden Augenlider und ich falle in einen tiefen Schlaf.

Die Reise zur Insel

Talla Tulla Land beginnt

Was für ein Morgen, der nächste Morgen!
Die Sonnenstrahlen kitzeln mich durch das offenstehende Fenster wach.
In der Ferne höre ich das Meer rauschen.
Ich wohne mit meinen Eltern in einem Holzhaus direkt hinter den Dünen am Meer.
Mit geschlossenen Augen überlege ich, ob die gestrigen Erlebnisse mit dem Wolkenpferd Pilvi nur ein Traum gewesen sind. Ich traue mich gar nicht, die Augen aufzumachen. Schließlich gebe ich mir einen Ruck, und schaue suchend in meinem Zimmer umher. Sofort erblicke ich Pilvi, wie er in der Luft über meinem Teppich schwebt. Die Sterne auf seinem Fell sind verschwunden. Es schimmert nun rosa-orangefarben wie die aufgehende Sonne.
„Guten Morgen, Pilvi!", rufe ich dem Wolkenpferd erfreut zu.
„Du bist ja noch da! Es war also doch kein Traum!"

„Guten Morgen, Wanda!“, begrüßt mich Pilvi schläfrig.
„Ich habe die ganze Nacht darüber nachgedacht, wie ich dir helfen kann. Du möchtest doch wissen, wo du herkommst und wer deine richtigen Eltern sind, oder?“
„Ja, das ist mein größter Wunsch. Pia und Peter erzählten mir mit sechs Jahren, dass sie nicht meine leiblichen Eltern sind. Stell dir das mal vor!!!
Für mich waren Pia und Peter doch wie meine richtigen Eltern!
Mich hat das voll verwirrt. Ich war total durch den Wind.
Als hätte ich, WUMMS!, einen heftigen Schlag gegen meinen Kopf bekommen. Boing, boing! Mein Gehirn wabbelte in meinem Schädel wie Wackelpudding hin und her.
Meine Freundin Luisa dachte bestimmt, ich hätte einen Dachschaden. Ich bin wie ein falscher Fünfziger durch die Gegend gelaufen. Naja, irgendwann habe ich mich dann wieder beruhigt. Aber seitdem kriege ich die Frage nicht mehr aus meinem Kopf. Wie in einem drehenden Karussell kehrt sie immer wieder in meine Gedanken zurück.
Woher komme ich? Woher komme ich? ...
Aber wie könntest du mir denn bei dieser schwierigen Suche helfen?“, frage ich zweifelnd.
„Wir müssen ins Talla Tulla Land reisen“, antwortet das Pferd geheimnisvoll.
„Talla Tulla Land?“, frage ich erstaunt.
„Wo soll das denn liegen?“
„Das Talla Tulla Land ist eine kleine Insel.
Sie liegt in einem großen Meer.
Auf den Landkarten der Menschen ist sie nicht verzeichnet.
Aber ich weiß, wie man dort hinkommt.
Nur die Wolkenpferde wissen, wo die Insel liegt.“
Abenteuerreisen liebe ich. Zumindest die, die ich beim Lesen in den Büchern erlebt habe. Mit meinen Eltern bin ich noch nicht viel gereist.

Papa meint immer: „Wir leben doch direkt am Meer.
Das ist doch Dauerurlaub pur!"
Niemals hat er Fernweh verspürt, ich aber schon.
Auf die Reise ins Talla Tulla Land bin ich schon ganz gespannt.
Werde ich dort erfahren, wo ich geboren wurde?
Aufgeregt krame ich aus meinem Kleiderschrank einen großen, noch nicht oft benutzten Reiserucksack hervor.
Glücklicherweise liegen sechs Wochen wundervolle Sommerferien vor mir! Meine Eltern müssen während meiner Schulferien arbeiten. Normalerweise wäre ich darüber frustriert gewesen.
Aber unter den jetzigen, besonderen Umständen finde ich das natürlich super. Sie sind heute Morgen schon sehr früh aufgestanden. Um acht Uhr müssen sie beide auf der Arbeit sein. Gegen neun Uhr sitze ich alleine am Küchentisch, esse eine Schale Knusperflocken und trinke Lemongrastee.
Leicht nervös schreibe ich ihnen eine Nachricht auf einen Zettel. Zugegeben, ich flunkere etwas (notgedrungen).
Ich muss ja unbedingt mit Pilvi auf diese wichtige Reise gehen!
Das mache ich sonst nie.
Flunkern oder lügen, meine ich.
Mit einem Bleistift kritzel ich hastig eine kleine Notiz, dass mich meine Patentante Luna Mathilda Brokkoli spontan eingeladen hätte. Luna kann ich immer alles erzählen, auch die verrücktesten Geschichten.
Meine Eltern werden sich keine Sorgen machen, wenn sie wissen, dass ich bei meiner Tante bin. Ich angel mein Handy aus der Sofaritze und tippe in meiner Kontaktliste auf die Telefonnummer von Luna. Sie wohnt im Erzgebirge.
Es klingelt ein paar Mal, bevor sie endlich drangeht.
„Guten Morgen, mein Waldkäuzchen!
Schon so früh auf den Beinen?", neckt mich Luna etwas.
Sie gibt mir gerne Tiernamen.

Letzte Woche war ich ihr Eichhörnchen,
davor ihr Büffelchen.
„Ähm, ja, ich konnte einfach
nicht mehr schlafen. Guten Morgen
Mathildchen! Du, ich möchte dich
um etwas bitten, etwas sehr Wichtiges.
Aber es muss streng geheim bleiben.
Pia und Peter sollen es im Moment
nicht erfahren."

Mathildchen darf nur ich sie nennen.
Und wenn ich Mathildchen sage, weiß sie immer sofort,
dass ich etwas Besonderes oder Verrücktes von ihr möchte.
„Du meinst ein spezielles Wanda-Geheimnis?
Nur du und ich sind eingeweiht?"
„Genau! Es klingt dieses Mal wirklich sehr verrückt.
Ich kann es selbst kaum glauben."
„Na los, raus mit der Sprache! Ich bin auch nicht der böse Wolf
und fresse dich auf. Was heckst du aus?"
„Gestern Abend habe ich das Wolkenpferd Pilvi kennengelernt.
Vom Himmel galoppierte es fliegend geradewegs
in mein Kinderzimmer.
Ein richtiges Pferd in meinem Zimmer!!! Unglaublich, oder?
Pilvi möchte mich auf eine Reise mitnehmen.
Wir wollen herausfinden, wo ich geboren wurde,
und wer meine richtigen Eltern sind.
Ich weiß, das klingt mega verrückt.
Aber es ist wirklich wahr!"
Am anderen Ende ist es erst mal still.
Ich spüre, wie in Lunas Kopf die Gedanken rattern.
Hoffentlich glaubt sie mir.
Ein leises Knistern dringt an meine Ohrmuschel.
„Mathildchen, bist du noch da?"

„Hm, mein Waldkäuzchen, das klingt aber wirklich total unglaublich!
Ich dachte, Wolkenpferde gibt es nur in Märchen.
Bist du dir sicher, dass ich mir keine Sorgen machen muss?
Du bist doch erst neun, und willst allein mit einem Wolkenpferd auf Reisen gehen? Wann kommst du denn zurück?"
Meine Tante Luna klingt auf einmal besorgt.
„Mathildchen, ich werde bestimmt bald zurück sein.
Ich vertraue Pilvi.
Das Wolkenpferd wird mich gut beschützen. Ich habe Pia und Peter geschrieben, dass ich die Ferien bei dir verbringe.
Geht das in Ordnung?
Du darfst ihnen nichts verraten. Erst mal zumindest, meine ich.
Bitte! Bitte, Mathildchen!"
Wieder ist es am anderen Ende des Telefons mucksmäuschenstill.

Dann endlich, nach einer langen Zeit, höre ich Lunas Stimme:
„Also, meine Süße, wenn ich Pilvi kennenlernen darf, überlege ich es mir. Wo ist das Wolkenpferd gerade?"
„In meinem Kinderzimmer! Okidoki, dann machen wir kurz Facetime und ich zeig dir Pilvi! Wir möchten bald losfliegen."
Ungläubig starrt Tante Luna auf das Display ihres Handys.
Hinter mir erblickt sie tatsächlich ein Pferd, das genauso wirklich ist wie der Kleiderschrank daneben.
„Hallo Frau Brokkoli! Gestatten, ich bin das Wolkenpferd Pilvi.
Freut mich, Sie kennenzulernen!
Machen Sie sich keine Sorgen!
Ihr Patenkind ist bei mir gut aufgehoben."
„Puh! Ich bin wirklich ziemlich baff, ein sprechendes Pferd!
Unglaublich!
Ich glaub', mich küsst ein Elch!

Es gibt dich also wirklich! Versprich mir hoch und heilig, dass du auf meine kleine Wanda sehr gut aufpasst!"
„Heiliges Wolkenpferde-Ehrenwort!"
„Kommt bitte bald zurück!"
Luna ist total begeistert vom Wolkenpferd!
Sie gibt mir für meine Reise mit Pilvi Rückendeckung.
Zum Abschied schmeiße ich meiner Tante dankbar tausend Küsse durch das Handy-Display zu.
„Versprochen, versprochen, Mathildchen!
Ich komme so schnell wie möglich zurück!
Mach dir bitte keine Sorgen!"
Kaum ist meine Tante vom Display verschwunden, klingelt es heftig Sturm an unserer Klingel. Sofort ist mir klar, das kann nur meine Freundin Luisa sein!
Oje, Luischen hätte ich vor Aufregung fast vergessen.
„Pilvi, das ist sicher Luisa, meine beste Freundin.
Ich komme gleich zurück."
Wie eine Rakete sause ich das Treppenhaus hinunter und schliddere fast gegen die Eingangstür. Das hätte ein ordentliches blaues Veilchen auf meiner Stirn ergeben, hätten mich meine Antirutsch-Schuhsohlen auf dem Parkett nicht abgebremst. Und hätte ich nicht reflexartig meine Arme gegen die Tür gestemmt. Der Flurteppich ist durch meine Laufgeschwindigkeit ins Rutschen geraten.
Hinter der Tür ruft mir Luisa erschrocken zu: „Hey Wanda, was ist das für ein lautes Poltern und Krachen?
Bist du gegen die Tür geknallt?"
Schwungvoll reiße ich die Tür auf: „Hallo Luisa, alles in Ordnung!
Keine Bange, es ist nichts Schlimmes passiert.
Ich habe einfach unseren Teppich unterschätzt, als ich mit Affentempo die Treppe runtergestürmt bin.
Das war gerade wie Snowboardfahren. HUIII!"
„Du bist ja aufgekratzt! Komm, erzähl schon!

Irgendwas Besonderes ist geschehen, sonst würden mich deine Augen nicht so anfunkeln."
Plötzlich fange ich an zu überlegen. ›Sollte ich Luisa vom Wolkenpferd und meiner Reise erzählen?
Hm, eigentlich muss sie es wissen. Wir erzählen uns immer alles.
Es gibt absolut keine Geheimnisse zwischen uns beiden.‹
Also los! „Du hast mich ertappt!", grinse ich sie geheimnisvoll an.
„Ja, es gibt Neuigkeiten! Und was für welche!
Du wirst vor Begeisterung mit deinen Ohren wackeln!"
„Hey, du machst es ja spannend. Ich platze gleich vor Neugier.
Erzähl schon endlich!"
„Komm erst mal rein! Was ich dir zu erzählen habe, hat die absolut höchste Geheimstufe. Nur Luna weiß noch Bescheid."
Ich ziehe Luisa in den Flur hinauf zu meinem Zimmer.
Auf dem Weg nach oben erzähle ich ihr aufgeregt vom Wolkenpferd Pilvi und unserer geplanten Reise.
„Willst du mich auf die Schippe nehmen? Ein Wolkenpferd?!
Geht mal wieder deine Fantasie mit dir durch?"
„Nein, nein, echt! Ungelogen! Du wirst Pilvi gleich kennenlernen.
Das Pferd steht in meinem Zimmer."
Behutsam öffne ich meine Kinderzimmertür, um Pilvi nicht zu erschrecken.
„WOW! Ich glaube, mich tritt ein Pferd!
Da steht ja wirklich ein Pferd in deinem Zimmer!"
Vor Staunen kriegt Luisa den Mund gar nicht mehr zu.
„Zeigt ihr Menschen immer eure Zähne zur Begrüßung?", fragt Pilvi amüsiert.
„Du kannst sprechen???", fragt Luisa verdattert.
Ihr Mund steht vor Überraschung immer noch offen.
„Alle Wolkenpferde können sprechen. Wusstest du das etwa nicht? Das gehört doch zum kleinen Einmaleins der Wolkenpferd-Schule. Wenn du deinen Mund nicht gleich zumachst, fliegt vielleicht noch eine Stubenfliege hinein."

Mühsam bringt Luisa ein paar Worte heraus:
„Ups, sorry! Aber du hast mir gerade komplett die Sprache verschlagen. Äh… hallo, ich bin übrigens die Luisa.
Ich habe noch nie ein Wolkenpferd gesehen.
Voll krass, es gibt wirklich Wolkenpferde!
Ich kann es immer noch nicht glauben.
Darf ich dich mal streicheln, Pilvi?“
„Klar! Aber nicht kitzeln!
Ich kriege dann immer riesige Lachanfälle.“
„Pferde können lachen?“, wundert sich Luisa.
„Wolkenpferde schon. Hört sich aber etwas anders an als bei euch Menschen.“
Sanft streichelt Luisa das flauschige Fell von Pilvi.
„Boah! Dein Fell ist ja superweich.
Und deine Mähne glitzert so schön.
Du bist wirklich echt! Ich fass es nicht!“
Belustigt schaue ich meine Freundin an.
„Hab ich dir doch gesagt! Wolkenpferde gibt es wirklich!
Außerdem sage ich dir immer die Wahrheit!“
„Wann wollt ihr eure Reise starten? Heute noch?“
„Ja, es geht gleich los. Mein Rucksack ist schon gepackt.
Ich bin schon wahnsinnig aufgeregt!“
„Ach, ich würde sooo gerne mitkommen! Mit einem Pferd durch den Himmel zu fliegen, muss unheimlich Spaß machen!“, sagt Luisa etwas neidisch.
Tröstend lege ich meinen Arm um Luisas Schulter.
„Mein Luischen, normalerweise würde ich dich auch gern mitnehmen.
Wir machen ja fast alles zusammen. Aber dieses Mal muss ich das allein durchziehen. Verstehst du?“
„Ja, ich weiß. Es ist eine sehr persönliche Reise, die dich vielleicht zu deinen Eltern führt.
Schreibst du mir eine Postkarte?“

„Versprochen, mach ich! Heiliges Wanda-Ehrenwort!“
Mit einer kleinen Träne im Gesicht drücke ich meine Freundin zum Abschied ganz fest und gebe ihr einen dicken Schmatzer.
„Bis ganz bald! Und denke dran, meine Eltern dürfen nichts erfahren. Sie glauben, dass ich bei Tante Luna bin.“

Kurz vor Mittag werfe ich mir meinen schweren Rucksack über die Schultern und klettere auf den Rücken von meinem Wolkenpferd Pilvi.
„Jetzt kann unsere Reise ins Abenteuer beginnen!“, flüstere ich ihm aufgeregt in seine Pferdeohren.
Seine weichen Härchen kitzeln meine Nase.
Ich muss heftig niesen.
Das Wolkenpferd setzt zum Sprung an und galoppiert in die weißen Wolkengebirge am blauen Himmel hinein.
Bald sind wir von dichten Wolken umgeben.
Schnell verliere ich jegliche Orientierung.
„Pilvi, ich sehe überall nur Wolken, Wolken, Wolken!!!
Wo sind wir bloß? Woher weißt du, wohin wir fliegen müssen?“, frage ich besorgt. „Hoffentlich verirren wir uns nicht.“
„Aber nein, kleine Wanda, hab’ keine Angst! Ich kenne den Wolkenhimmel wie mein eigenes Fell. Ich kenne jeden Himmelswinkel, jede noch so bizarre Wolkenformation und verirre mich nie!“

Aus dieser großen Entfernung blicke ich fasziniert auf die Erde.
Wir fliegen viel höher, als Flugzeuge fliegen können.
Die Landschaften, die Bäume, Autos, und Häuser werden winzigklein und verschwimmen zu Farbklecksen.

Begegnung mit dem Kleinen Prinzen auf Wolke 1001

Viele Tage fliegen wir nun schon durch die unendlichen Weiten des Himmels. Sich immer wieder verändernde Wolken ziehen an uns wie schwebende Fahrzeuge vorüber.
Störche, Gänse und andere Zugvögel kreuzen unseren Weg.
Es scheint unzählige Himmelsstraßen zu geben.
Ampeln fehlen, sind aber auch nicht notwendig.
Alles hat irgendwie seine Ordnung.
Morgenröte und Abendlicht wechseln im Takt.
Auf dem Rücken meines Wolkenpferdes verbringe ich die Tage und Nächte schlafend, essend, trinkend und träumend.
Ab und zu unterhalten wir uns ein wenig. Die meiste Zeit aber schweigen wir. Ich hänge meinen Gedanken nach und fühle mich unendlich wohl.
Auf einmal wird mein Wolkenpferd langsamer.
In der Ferne taucht eine kleine Wolke auf.
Verschwommen sehe ich auf der Wolke eine winzige Figur.
Je näher wir kommen, desto deutlicher kann ich erkennen, wer uns mit einem Taschentuch zuwinkt. Es ist der Kleine Prinz[1].
Ich erkenne ihn sofort.
›Was macht der Kleine Prinz auf einer Wolke?
Er lebt doch auf einem Planeten‹, grübele ich.

„Das ist die Wolke 1001. Hier macht der Kleine Prinz einmal im Jahr Urlaub", sagt Pilvi, der meine Gedanken erraten hat. „Wollen wir eine Pause machen?"
„Gerne! Die ganze Zeit auf deinem Rücken zu sitzen, ist echt anstrengend. Wahrscheinlich bekomme ich schon O-Beine. Ich freue mich sehr, die Bekanntschaft des Kleinen Prinzen zu machen. Das Buch über den Kleinen Prinzen habe ich schon zigmal gelesen. Es ist echt unglaublich, dass es ihn wirklich gibt!"
„Weißt du, kleine Wanda, viele von Menschen ausgedachte Figuren aus Büchern leben auf verschiedenen Wolken. Es ist ein bisschen so, als hätten die literarischen Wesen auf den Wolken einen Doppelgänger. So ähnlich wie ein Spiegelbild. Verstehst du, was ich meine?"
„Klingt zwar total verrückt, aber ich glaube, dass ich dich verstehe."
Pilvi und ich landen sanft im Garten des Kleinen Prinzen.

„Hallo Wanda! Hallo Pilvi!", ruft uns der Kleine Prinz freundlich zu. „Möchtet ihr mit mir ein Glas süßen Rosenblütentee trinken?"
„Woher kennst du unsere Namen?", frage ich überrascht.
„Die anderen Wolkenpferde haben mir von eurer Reise erzählt."
Schon sitzen wir auf einem weißen Wolkensofa und trinken Wolkentee aus blau-weiß gemusterten Wolkentassen.
„Mmm, der Tee schmeckt aber köstlich! Woher kommt er?", frage ich neugierig.
„Ich besitze einen herrlichen Rosengarten auf meiner Wolke. Sorgfältig zupfe ich jede einzelne Blüte mit meiner Hand. Entweder trockne ich sie oder gieße sie ganz frisch mit heißem Wasser auf. Der Rosentee schmeckt wirklich unvergleichlich, nicht wahr?"

„Und ich dachte, du besitzt nur eine einzige Rose."
„Auf meinem Planeten existiert tatsächlich nur meine geliebte Rose. Wenn ich reise, nehme ich sie natürlich überall hin mit. Sie hat immer den schönsten Sonnenplatz."

Die Rose des Prinzen wurzelt in einem Wolkentopf in guter Wolkenerde. Glücklich streckt sie ihre Blätter und Blüten der Sonne entgegen.
Der Kleine Prinz streichelt liebevoll die roten Rosenblätter. Nachdenklich sagt er:
„Ich bin in meinem Leben viel gereist.
Auf der Erde traf ich einen klugen Fuchs.
Durch den Fuchs habe ich das Wesen der Freundschaft und der Liebe begriffen. Durch ihn lernte ich, meine Rose zu lieben, ihre Einzigartigkeit zu verstehen, und was Verantwortung bedeutet."
Er macht eine lange Pause und blickt verträumt über die Wolken in die Unendlichkeit des Himmels.
„Möchtet ihr noch eine Tasse Rosenblütentee?"
Der Kleine Prinz ist sehr höflich und gastfreundlich.
„Oh, sehr gerne! Danke!
Dein Tee schmeckt unheimlich lecker.
So einen Tee habe ich auf der Erde noch nie getrunken."
Er nickt erfreut. „Wohin führt euch eure Reise?"
„Wir sind auf der Suche nach meinen Eltern.
Wir suchen den Ort, wo ich geboren wurde."
„Diese Frage beschäftigte mich früher auch", sagt der Kleine Prinz.
„Ich habe keine Antwort gefunden. Auf einmal war ich da.
Lange Zeit ist es wohl schon her. Die Jahre zähle ich nicht mehr.
Hier oben spielt Zeit keine große Rolle.
Ich beobachte die Sonnenauf- und untergänge einfach zum Vergnügen, ohne sie zu zählen. Das Wesentliche ist für mich, die Schönheit des Augenblicks zu erkennen.

Auch wenn es hier oben unendlich viele Augenblicke gibt, so ist doch jeder für sich einzigartig und besonders."
Der Kleine Prinz räuspert sich: „Punkto Augenblicke, ich muss unbedingt meine geliebte Rose gießen – sonst vergesse ich es noch!
Auf meiner Urlaubswolke bin ich oft zerstreuter, als ich es auf meinem Planeten bin."
Aus einem kleinen Schränkchen holt er seine Gießkanne, füllt sie mit weichem Wolkenwasser, und gießt behutsam seine Rose. Er scheint leise mit ihr zu flüstern.
„Ähm, wo war ich stehengeblieben?
Ach so, ich erinnere mich.
Manchmal gehe ich auch rückwärts, um meine Perspektive auf die Dinge, die mich umgeben, zu ändern. Oder ich mache einen Kopfstand.
Es ist gut, ab und zu den eigenen Blickwinkel zu ändern.
Dann zeigt sich die Welt in neuem Licht, oft klarer als zuvor.
Wir erkennen Dinge, die wir vorher übersehen haben.
Versuch das auch mal!"

Gebannt lausche ich seinen Worten.
„Kennst du meine Zeichnung von der Riesenschlange, die einen Elefanten verschluckt hat?
Die Erwachsenen sehen meist nur einen Hut. Es fehlt ihnen an Fantasie.

Ich bin mir sicher, dass du den Elefanten erkannt hättest.
Vielleicht hat ja auch einmal jemand eine Zeichnung von mir gemacht, und so bin ich entstanden, wer weiß.
Schau mal, Wanda! Was siehst du hier?"
Der Kleine Prinz beginnt eine Zeichnung. Mit flinken Bewegungen fährt sein Bleistift über ein Blatt Papier.

Als Erstes kann ich eine Rose erkennen.
Als das Bild fertig ist, antworte ich:
„Ich sehe neun Rosen und einen Löwen mit zwei Schwertern; aber ich habe keine Ahnung, was die Zeichnung bedeuten könnte. Kannst du es mir bitte verraten?"
„Ich schenke dir die Zeichnung.
Sie wird dir später helfen, den Ort zu finden, an dem du geboren wurdest."
Dankbar nehme ich das Geschenk an.
Der Kleine Prinz lächelt.
„Mein Garten ruft mich. Ich muss euch jetzt Adieu sagen.
Eine gute Reise und viel Glück bei der Suche nach deinen Eltern, Wanda!"
Mit diesen Worten verabschiedet sich der Kleine Prinz, und beginnt in seinem Wolkenbeet Unkraut zu zupfen.

Die Wolkenstraße der Murmels

Wir sind schon eine Woche unterwegs, seit wir den Kleinen Prinzen auf seiner Wolke 1001 verlassen haben. Die Zeit vergeht wie im Flug.
Die Zeichnung des Kleinen Prinzen ist sicher in meinem Rucksack verstaut.
›Was konnte dieses seltsame Symbol mit einem Löwen, zwei Schwertern und neun Rosen nur bedeuten?‹, frage ich mich im Stillen.
›Werde ich die Antwort auf meiner Reise mit Pilvi finden?‹
Am Nachmittag verlassen wir die Wolkenautobahn und biegen in die Wolkenstraße der Murmelwesen ein.
Murmels sehen aus wie kleine Glaskugeln mit kurzen Armen und Beinen.
Ihre Vorfahren waren aus Marmor beschaffen.
Im Sonnenlicht leuchten Murmels regenbogenartig – wie ein Prisma, in dem sich Sonnenstrahlen brechen.
„Schau mal, Pilvi, die Kugelwesen sehen aber drollig aus!

Und wie lustig sie sich vorwärtsbewegen!"
„Das sind Murmels. Sie haben zwei Möglichkeiten der Fortbewegung. Entweder sie legen Arme und Beine eng umschlungen an ihren kugligen Körper und rollen sich blitzschnell über die Wolkenstraßen. Oder sie machen Hunderte von Radschlägen."
„Sieht ja wie eine akrobatische Turnübung aus!
Im Sportunterricht an meiner Schule habe ich auch schon einmal einen Radschlag versucht. Oh Mann, im Spiegel sah der echt krumm und wackelig aus. Unbeholfen, wie ein Tollpatsch, purzelte ich auf die Turnmatte. Das hättest du sehen sollen! Garantiert hättest du dich krumm und schief gelacht!"
„Du kannst ja von ihnen lernen. Die Murmels sind nämlich Weltmeister im Radschlagen. Wollen wir bei ihnen eine Rast machen?"

Einmal im Jahr wird ein Wettkampf veranstaltet. Dazu versammeln sich alle Murmels auf einer breiten Wolkenallee. Links und rechts türmen sich hohe Wolkenberge. Der höchste Berg heißt, zu Ehren der Murmels, Marmel Chomolungma.
Da ich eine Vorliebe für kuriose Namen aller Art habe, kenne ich ein paar Namen von Bergen auswendig. Chomolungma heißt in der Menschensprache auch Mount Everest. Er ist der höchste Berg der Erde. Er liegt im Himalaya-Gebirge in Nepal. Andere hohe Berge tragen lustige Namen wie Lhotse, Makalu, Cotopaxi und Kilimandscharo.
Der Marmel Chomolungma ist, wie der Mount Everest auf der Erde, 8.848 Meter hoch und mit ewigem Wolkenschnee bedeckt.

Die Murmels haben einen Kugeldurchmesser von etwa fünf Zentimetern. Wie bei den Menschen gibt es natürlich auch hier dickere und dünnere Murmels. Das hängt von der Murmelgenetik, ihrer Ernährung und dem Ausmaß an Bewegung ab. Je kleiner und leichter ein Murmelwesen ist, desto schneller kann es sich bewegen.

„Was trinken und essen Murmels eigentlich?",
frage ich Pilvi voller Neugier.

„Ganz einfach: sie trinken Regentropfen und lutschen Eiskristalle.
Zu festlichen Anlässen gibt es bei ihnen Staubgebäck.
In der Luft befinden sich nämlich Staubteilchen. Und die Murmels lieben Staubgebäck über alles. Besonders lecker und locker schmeckt das Staubgebäck, wenn es Ozon enthält."

„Ozon? Ozon? Das habe ich doch schon mal in der Schule gehört. Ach ja, ich erinnere mich, es besteht aus
drei Sauerstoffteilchen.
Stell dir einfach drei Kreise vor, die miteinander verbunden sind.
Ozon kann Lichtstrahlen besser aufnehmen als reiner Sauerstoff.
Und es schützt die Pflanzen, Tiere und Menschen auf der Erde vor Strahlenschäden."

„Was du schon alles weißt, kleine Wanda!", staunt Pilvi.

„Ja, aber die Menschen schießen leider bestimmte gefährliche Gase in die Luft. Diese Gase zerstören die wichtige Ozonschicht. An einigen Stellen über der Erde gibt es schon Ozonlöcher. Das ist für die Erde und ihre Lebewesen sehr schädlich."

„Und hier oben bei den Murmels schmeckt auch das Staubgebäck nicht mehr so gut wie früher, als es noch keine Ozonlöcher gab. Bei hoher Konzentration der giftigen Gase verfärben sich die Murmels erst grünlich, und dann sterben sie."

„Oh, das macht mich traurig, Pilvi! Die Murmels tun mir wahnsinnig leid. Tragen also wir Menschen die Verantwortung, dass die Murmels vielleicht irgendwann aussterben werden?"

„Ja, leider ist das so", erwidert Pilvi bekümmert und senkt traurig seinen Kopf.
„Wie können wir das bloß verhindern?"

Ich grüble und grüble.
Beim Grübeln bekomme ich meist rote Grübelflecken im Gesicht.
Das ist mir in der Schule immer sehr peinlich.
Trotzig sage ich: „Die Menschen müssen einfach aufhören, gefährliche, giftige Stoffe zu produzieren. Oder sie überlegen sich, wie sie giftige Stoffe in ungiftige umwandeln können!"
Plötzlich werde ich aus meinen Gedanken herausgerissen.
Pilvi hat im Flug abrupt gebremst, sodass ich fast über seinen Kopf geschleudert worden wäre.
„Was ist, Pilvi?", frage ich überrascht.
„Schau, da vorne! Die Murmels blockieren die Straße.
Der Wettkampf beginnt gleich."
Staunend erblicke ich vor mir ein Riesengewimmel von Murmels. Millionen von Murmels drängen sich vor einem rot-weiß gestreiften Startband.
Das Radschlagrennen beginnt. Ein schriller Pfiff, wie aus einer Trillerpfeife, zerschneidet die Stille. Die Murmels rasen, sich im Kreise drehend, die Wolkenallee entlang. Aus der Ferne sieht es wie ein lebendiger farbiger Teppich aus. Ein fliegender Teppich. Pilvi und ich schauen dem Rennen begeistert zu.
In der Weite des Horizonts sehen wir, wie Teile des Murmelteppichs plötzlich in ein kleines Ozonloch fallen.
„Oh, nein! Die Murmels stürzen in den Abgrund!
Sie brauchen Hilfe!", schreie ich erschrocken.
Tränen schießen in meine Augen.

„Leider können wir ihnen nicht mehr helfen. Aus einem Ozonloch gibt es kein Entrinnen“, erklärt Pilvi unglücklich.
Die meisten der Murmels können sich aber retten, und erreichen sehr erschöpft das Ziel. Trotz der Katastrophe rufen die Murmels mit traurigen Mienen den Sieger aus.
Ihm wird ein goldener Wolkenpokal überreicht.
Während der Siegerehrung wird eine Schweigeminute für die gestorbenen Murmels abgehalten. Die Murmels wünschen sich, dass die Menschen die Natur nicht weiter zerstören.
Pilvi und ich galoppieren zu dem Sieger, um ihm zu gratulieren.
Sogleich fällt mir sein hellgrünes Aussehen auf.
Besorgt blicke ich zu Pilvi.

„Du weißt, was das bedeutet, Pilvi?“, frage ich schluchzend.
„Können wir dem Murmel nicht irgendwie helfen?
Kennst du eine Medizin oder hast du einen Zaubertrank?“
Hoffnungsvoll sehe ich das Wolkenpferd an.
Pilvi überlegt, was wir tun könnten, um dem Murmel zu helfen.
„救命 (jiùmìng)!“, ruft das Murmel Hui verzweifelt.
„Was ist das für eine seltsame Sprache?“, wundere ich mich.
„Das ist Murmelchinesisch!“
„Hast du verstanden, was das Murmel gerufen hat?“, frage ich ungeduldig.
„Das Murmel bittet uns um Hilfe.“
Grübelnd setze ich mich auf einen kleinen flauschigen Wolkenstuhl.

Tiefe Grübelgrübchen zeichnen sich neben meinen Mundwinkeln ab.
Ich schweige. Von den Sitzrängen des riesigen Wolkenkolloseums schauen uns erwartungsvoll Abertausende von Murmels an. Ihre großen Augen blicken uns aus ihren gläsernen Kugelköpfen hilfesuchend an. Auch sie schweigen.
Eine gespenstische Stille liegt über den Wolken.
Plötzlich lässt ein Gedankenblitz mein Gesicht aufleuchten, als hätte jemand eine Glühbirne angeknipst.
„Ich hab's!", rufe ich laut in die Arena der stillen Zuhörer hinein.
Aufgeregt krame ich in meinem Rucksack, bis ich eine kleine Tüte mit einer weißen, pulvrigen Substanz finde.
Ein hoffnungsvolles Raunen geht durch die Menge.
„Was ist das?", fragt Pilvi verblüfft, mit einem freudigen Wiehern.
„Das ist Salz! Es soll sich mit dem giftigen Gas verbinden und es somit unschädlich machen."
Mit meinen Händen streue ich das Salz in kleinen Mengen vorsichtig über den hellgrünen, vergifteten Körper des Murmels.
Alle Murmels scheinen voller Erwartung ihre Luft anzuhalten.
Die Atmosphäre ist vor Spannung wie elektrisiert. Meine Augen sind wie ein dickes Brennglas auf das kranke Murmelwesen gerichtet. Hat es nicht gerade mit seinen Wimpern gezuckt?
„Pilvi, Pilvi, wird Hui überleben?", frage ich voller Bangen mein Wolkenpferd. Hilfesuchend und verzweifelt grabe ich meine Hände in seine Mähne, als müsste ich mich an ihm festhalten, um nicht auch in ein Ozonloch zu fallen.
Die Murmels sehen meine Unsicherheit. Ein besorgtes Seufzen dringt von den Sitzrängen. Da kommt ein kleines Murmelkind zu mir gelaufen. Verzweifelt blickt es mich mit großen, verweinten Augen an. Es beugt sich zu Hui hinab und streichelt ihn sanft.
Leise flüstert es: „爸爸 (bàba)!"
„Was hat es gesagt, Pilvi?"
„Papa hat es gesagt. Hui ist sein Vater."

Plötzlich redet das Murmelkind ganz aufgeregt und schnell. Seine kurzen Arme umklammern Hui. Freudestrahlend schmiegt es sich an seinen Kugelbauch.
„Was hat es denn?“, frage ich.
„Wanda, schau doch! Hui hat sich bewegt! Er lebt!“
Tatsächlich! Das Salz hat Hui geholfen.
Langsam verflüchtigt sich das giftige Hellgrün und die ursprüngliche gelb-rot-blaue Farbe breitet sich wieder über den ganzen Körper des Murmels aus.
„Er ist gesund! Er ist wieder gesund!“, rufe ich voller Freude und Erleichterung.
Ein tosender Applaus lässt die Wolkenlandschaft erzittern. Alle Murmels erheben sich in Dankbarkeit von den zahllosen Rängen des riesigen Wolkenkolloseums. Das kleine Murmelkind läuft auf mich zu und drückt sich stürmisch an mich. Tränen der Freude rinnen über sein winziges Gesicht. Seine Augen schauen mich unendlich dankbar an. Ich habe seinen Vater geheilt. Lächelnd hängt es mir seine Halskette, eine Schnur mit einer wunderschönen Glasmurmel, um meinen kleinen Finger. Leise flüstert es etwas in mein Ohr. Fragend schaue ich zu Pilvi.

„Das ist ein Glücksbringer, ein Talisman! Das ist eine große Ehre für dich, Wanda!“
„Danke, das ist sehr lieb von dir! Ich habe deinem Vater gerne geholfen.“
Das Murmelwesen hüpft glücklich auf den Bauch seines Vaters, der sich gerade aufgerichtet hat.
„謝謝 (xiè xiè)!“, sagt Hui mit einer tiefen Verneigung.
„Danke!“, übersetzt Pilvi. „Das Murmel Hui ist übrigens ein Heiler. Heiler genießen ein hohes Ansehen bei den Murmels.“
Eine leichte Röte steigt mir vor Verlegenheit ins Gesicht.

„Ich schenke Dir das Salz. Damit kannst du auch die anderen kranken Murmels retten."
Hui springt auf meine Schulter. Dankbar gibt er mir einen Luftkuss auf meine Wange.
„Darf ich dich etwas fragen?", frage ich das Murmelwesen.
„唉 (āi) *(Ja)*!"
„Weißt du, was diese Zeichnung bedeutet? Der Kleine Prinz hat sie mir geschenkt. Sie soll ein Hinweis sein, wo ich geboren wurde", wende ich mich mit fragendem Blick an Hui.
Der Heiler flüstert Pilvi etwas ins Ohr. Ich verstehe es nicht.
Pilvi übersetzt mir seine Worte: „Das Murmel kann dir keine Antwort auf deine Frage geben. Nur du selbst kannst die Antwort finden. Aber Hui kann dir einen Tipp geben."
„請吧 (Qǐngba) *(Bitte)*!"
Feierlich überreicht mir Hui einen Lappen und ein Samenkorn.
Diese beiden Gegenstände sollen mir einen Hinweis auf die Menschen geben, die in meinem Geburtsland leben.
Noch einmal flüstert das Murmel Pilvi leise etwas ins Ohr.

„Wir sollen zu den Mondgesicht-Überkopf-Wolkenwesen reiten. Sie können uns weiterhelfen."
Mit einem dankbaren Lächeln verstaue ich die zwei Geschenke in meinem Rucksack. ›Was haben ein Lappen und ein Samen mit meiner Herkunft zu tun?‹,
denke ich angestrengt nach. Meine Stirn formt dabei lustige Stirnrunzelfalten, als würde jede Falte einen Gedanken widerspiegeln.
›Lappen? Waschlappen wird auch als Schimpfwort benutzt. Jemand, den man als Waschlappen bezeichnet, ist ein Schwächling. Also, das kann es nicht sein.
Mein Vater ist bestimmt kein Waschlappen!

Das hat auch nichts mit dem Ort meiner Herkunft zu tun.
Was fällt mir noch ein? Ich wünschte, Luisa wäre hier.
Die könnte mir bestimmt weiterhelfen. Sie weiß immer so viel.
Hm, den Begriff „Samen“ kenne ich aus der Pflanzenkunde.
Das Samenkorn. Aber das ist immer noch keine Erklärung
zum Ort meiner Geburt. Puh! Ist das schwierig!‹
„Gibt es einen Ort, der mit „Lappen“ oder „Samen“
zu tun hat?“, frage ich das Wolkenpferd.
Pilvi zuckt unwissend mit seinen Schultern.
„Keine Ahnung“, antwortet er mit einem hilflosen Schütteln
seiner gewaltigen Pferdemähne, als wollte er sagen
›Ich weiß es nicht‹.
„Was ist, wenn ich einfach am Wortende „Land“ hinzufüge?“,
frage ich erneut.
„Lappen-Land gibt es nicht. Ein Samen-Land kenne ich auch
nicht“, erwidert Pilvi nachdenklich.
„Aber, halt, es gibt Lappland! Da leben doch Rentiere“,
erkläre ich freudig. Ich weiß, dass es ein Land hoch im Norden
von Europa ist. War das nicht Skandinavien? Wie heißen
noch mal diese drei Länder auf der Halbinsel Skandinaviens?
Weißt du das, Pilvi?“
„Klaro, das weiß ich. Schweden, Norwegen und Finnland“,
wiehert Pilvi fröhlich.
Jetzt fällt es mir wie Schuppen von den Augen.
„Lappland ist eine Region in Finnland. Finnland!
So viele Zufälle kann es doch gar nicht geben, oder?
Mein Vorname Finja kommt aus dem Finnischen.
Und Pilvi heißt finnisch „Wolke“. Jetzt muss ich nur noch
herausbekommen, was es mit dem Wort „Samen“ auf sich hat.“
Das Rätsellösen macht mir jetzt richtig Spaß.
„Pilvi“, sage ich ganz aufgeregt zu meinem Freund,
„wir müssen nach Finnland reisen!

Jetzt verstehe ich auch die Zeichnung vom Kleinen Prinzen: Sie stellt das Wappen von Finnland da. Ein Löwe mit zwei Schwertern und neun Rosen drum herum."

„Großartig! Das ist eine gute Idee! Aber vorher müssen wir noch die Mondgesicht-Überkopf-Wolkenwesen besuchen und die Insel Talla Tulla Land.
Dort werden wir noch weitere wertvolle Hinweise zum Ort deiner Herkunft und wichtige Informationen über deine Eltern erfahren."
Wieder überkommt mich das Gefühl, dass Pilvi viel mehr weiß als ich.
„Gut, dann auf zu den Mondgesicht-Überkopf-Wolkenwesen!", rufe ich enthusiastisch.

Der Gewitterriese und Electrophorus electricus

Es ist finstere Nacht. Ich schlafe auf dem Pferderücken, die weiche Mähne als Kopfkissen. Viele Stunden schon galoppieren wir fliegend durch die Dunkelheit. Pilvi braucht weniger Schlaf als ich. Das Wolkenpferd hört mich im Schlaf seltsame Worte sprechen. In welcher Sprache habe ich im Schlaf geredet? Irgendwo hat Pilvi diese Sprache schon einmal gehört. Aber er kann sich nicht erinnern, wo. Schnell wie der Wind reiten wir durch die Nacht, die langsam ihre Schwärze zurück in die Tintenfässer füllt. Der Morgen lächelt uns zaghaft zu. Die ersten Sonnenstrahlen breiten sich orange-rosa über den Horizont im Osten aus.

Aus einem traumreichen Schlaf wache ich langsam auf.
„Wo sind wir?“, frage ich verwirrt und spüre, wie sich die Traumbilder der Nacht wie Nebelschwaden langsam verflüchtigen. Mit zwei schläfrigen Augen schaue ich Pilvi fragend an, und wische mir den Schlafsand aus den Wimpern.
„Über dem Atlantischen Ozean“, antwortet Pilvi lachend, da er sich über meinen lauten Gähner amüsiert.
„Noch ein Tag, dann erreichen wir die Wolke 3003.
Dort leben die Mondgesicht-Überkopf-Wolkenwesen. “
„Was sind das für komische Wolkenwesen?“
„Das wirst du bald erfahren“, sagt Pilvi geheimnisvoll, und zwinkert mir wissend zu.

Wieder wird es stockdunkel. Eine weitere Nacht beginnt. Die Tage erscheinen mir sehr kurz. Wie ein flüchtiges „Hallo“, das sich, sobald ausgesprochen, schon wieder in dunkle Stille hüllt. Ich habe jegliches Zeitgefühl verloren. Wie viele Tage oder Wochen sind wir schon unterwegs? Hoffentlich machen sich meine Eltern keine Sorgen.

„Pilvi, ich möchte Mama und Papa gerne eine Postkarte senden.
Ich schicke ihnen immer Karten aus dem Urlaub, wenn ich bei meiner Tante Luna bin.
Und Luisa habe ich auch eine Karte versprochen.“
„Das ist eine prima Idee!
Du kannst ihnen die Karten ja per Luftpost zusenden.“
Eifrig krame ich einen Stift aus meinem Rucksack und beginne während des Flugs zu schreiben.

Liebe Mama, lieber Papa,

liebe Grüße aus dem Garten von Tante Luna. Ich liege auf einer Gartenliege und sonne mich. Wir haben viel Spaß miteinander. Gestern waren wir in einem Aquarium. Zum ersten Mal konnte ich Delfine beobachten. Sie schwammen in einem großen Becken. Welch schöne Tiere! Aber ich wurde auch etwas traurig darüber, dass sie nicht in der freien Natur leben können: im Meer. Da ist doch ihr Zuhause! Das Becken ist so eng im Vergleich zum Ozean. Ob sie ihre Familie vermissen? Sie haben bestimmt viele Geschwister, Cousinen und Cousins. Vielleicht werde ich später einmal Meeresforscherin. Dann werde ich mich für die Tiere im Meer einsetzen. Morgen gehen wir im Gebirge wandern. Darf ich noch eine Woche länger bei Tante Luna bleiben?

Bis bald! Kuss, Eure Wanda

P.S. Das Telefon von Tante Luna funktioniert gerade nicht. Schreibt mir bitte!

„Bist du bald fertig?“, fragt Pilvi etwas ungeduldig.
„Gleich, ich möchte noch schnell Luisa schreiben.“
Wieder greife ich zum Stift und versuche, auf Pilvis Pferderücken einigermaßen gerade Zeilen zu schreiben.

Liebe Luisa,

hier kommt meine versprochene Postkarte. Pilvi und mir geht es sehr gut. Wir haben schon etliche Himmelsmeilen hinter uns. Du würdest staunen! Es ist herrlich, über den Wolken zu fliegen! Und nicht etwa in einem Flugzeug, sondern auf einem fliegenden Pferd! Das ist echt der Hammer! Was wir schon alles erlebt haben! Ich habe den Kleinen Prinzen auf seiner Urlaubswolke 1001 kennengelernt. Kannst du dir das vorstellen!?

Ja, genau, der aus dem Kinderbuch von diesem Schriftsteller, dessen Namen sich so schwierig schreibt. Außerdem habe ich die Murmels getroffen. Sie sehen ein bisschen wie Glasmurmeln aus, nur mit kleinen Ärmchen und Beinchen dran. Ein ganz liebes Volk und Meister im Radschlagen. Jetzt sind wir auf dem Weg zu den Mondgesicht-Überkopf-Wolkenwesen. Und nach Talla Tulla Land müssen wir auch noch.
Wir haben herausgefunden, dass meine Herkunft etwas mit Finnland zu tun hat. Zu Hause werde ich dir alles haargenau erzählen!

Auf bald! Dickes Küsschen, Deine Wanda

Zufrieden mit den geschriebenen Zeilen
lege ich den Stift beiseite.
In meiner schönsten Schrift habe ich die Postkarten
sehr eng beschrieben.
„Wie kommen die Karten nun in den Briefkasten?“,
frage ich Pilvi skeptisch.
„Auf die traditionelle Art, mit rasend-schneller
Brieftauben-Expresspost!“, wiehert Pilvi.
In diesem Moment schießt eine weiße Taube
wie eine Rakete herbei. Behutsam lege ich ihr
die zwei Postkarten in den Schnabel.
„Guten Flug!“, rufe ich der Brieftaube winkend hinterher,
die wie ein Blitz als kleiner Punkt am Horizont verschwindet.

„Pilvi, schau mal, dort in der Ferne sieht es so dunkel aus!
Was ist das?“
„Oh, halt dich gut an meiner Mähne fest!
Das sieht nach einem fürchterlich starken Gewitter aus.“
Ängstlich schmiege ich mich eng an Pilvis Hals und

umklammere ihn fest. Schon donnert es ohrenbetäubend. Sekunden später zucken die ersten gewaltigen Blitze wild über den grollenden Himmel. Ich bekomme unheimliche Angst. So einen Orkan habe ich noch nie erlebt. In der Dunkelheit flackern seltsame, leuchtende Kreaturen in der Luft auf. Ich kann nicht genau erkennen, was es ist. „Was ist das?“, frage ich Pilvi mit besorgter Stimme. „Das sind äußerst gefährliche Wesen. Sie heißen Electrophori electrici. Sie dürfen dich nicht berühren. Bei einer Berührung bekommst du einen heftigen Stromschlag. Dadurch können sie dich bewusstlos machen oder sogar töten!“

In der düsteren Finsternis sehe ich dunkelgrau-violette, längliche, riesige Körper umherwirbeln. Es sind unzählige. Sie sehen wie Riesenschlangen aus. Permanent sich schlängelnd, verändern sie ihre Formen. Ich fühle mich wie in einem schrecklichen Albtraum. Pilvi galoppiert so schnell wie ein Blitz durch die vielen Electrophori hindurch. Das Wolkenpferd muss schwierige Wende- und Ausweichmanöver nehmen, um nicht von den Stromschlägen getroffen zu werden. Auf einmal erschrecke ich heftig. „Oje, ich sehe einen Riesen! Hilfe!“, kreische ich panisch in das tosende Blitzgewitter der teuflischen Schlangenkreaturen. Der Riese ist bestimmt fünfzig Meter groß. Ein gewaltiges, schreckliches Ungetüm. Er holt die schlangenähnlichen Electrophori aus einem Riesensack, der aus dicken Algenblättern geflochten ist. Wütend schleudert er sie in den düsteren Himmel. Die Haut des Riesen schimmert grünlich. Teilweise ähnelt die Haut auch Schuppen wie bei einem Fisch, besonders an seinem Rücken und Po.

Die Schuppen glänzen silbrig und flackern im Licht der Blitze in verschiedenen Farben. Das sieht bedrohlich aus. Wie ein Drache hat der Riese am Rücken einen etwa zwanzig Meter langen Schwanz, den er als Waffe hin- und herschleudert. Auf der Oberseite sind lauter spitze Stacheln, die wie Messer in die Beute stechen. Seine schwarzen, verfilzten, langen Haare hängen ihm wie Gestrüpp von seinem Kopf herunter. Seine Gesichtszüge sind grob und furchterregend.
Das eine Auge des Riesen ist hohl.
Der Augapfel fehlt. Jemand muss ihm das Auge im Kampf ausgestochen haben. Aus seinem Mund ragen große, scharfe Zähne.

„Das ist der Gewitterriese!", keucht Pilvi im Galopp.
Jetzt bekommt auch das Wolkenpferd Angst.
Normalerweise greifen Gewitterriesen keine Wolkenpferde an.
Vielleicht hat der Riese einen anderen Gegner und sie sind nur zufällig in das Kampfgeschehen hineingeraten.
In der Ferne erspäht Pilvi über ihnen einen gigantischen Schwarm rotgefiederter Feuervögel.
Ihre Flügel scheinen aus Flammen zu bestehen.

„Der Gewitterriese hasst Feuervögel!
Sie verbrennen ihm oft die Haut, wenn sie ihre Flugübungen machen. Das macht ihn unheimlich wütend. So wie jetzt."
Pilvi hat eine zündende Idee.
„Wir müssen die Eisvögel rufen! Die Feuervögel mögen keine Eisvögel, da das Eis ihre Feuerfedern löscht.
Dann können sie nicht mehr fliegen und stürzen ab."
„Wie ruft man Eisvögel herbei?"
Pilvi verzieht sein Pferdemaul zu einer spitzen Schnute und stößt einen sehr schrillen Ton aus.

Aus einer riesigen Cumuluswolke taucht ein großer Schwarm eisblauer Vögel auf. Ihr ganzer Körper besteht aus Eiskristallen. Heftig schlagen sie ihre Flügel auf und nieder. Ein Geschoss spitzer Eiskristalle löst sich aus ihrem Gefieder. Wie Pfeile prasselt es auf die Feuervögel nieder. Gekrümmt vor starken Schmerzen stoßen sie ohrenbetäubende Schreie aus. Nach und nach werden die Feuervögel in die Flucht geschlagen. Der Feuertanz der Electrophori löst sich zu einem harmlosen Funkenregen auf. Der Gewitterriese beruhigt sich.
Mit seinen großen Pranken steckt er die Schlangenwesen zurück in seinen Algensack, und trollt sich über die Wolkenberge zurück nach Hause.
Pilvi und ich atmen erleichtert auf und verfolgen mit unseren Augen, wie der Gewitterriese am Horizont immer kleiner wird.
Da erwischt ein übriggebliebender Electrophorus mein Bein.
Durch den heftigen Stromschlag zucke ich zusammen.
Aus dem Gleichgewicht geraten falle ich aus einer sehr großen Höhe vom Pferd hinab in die Tiefe. Ich stürze tiefer, tiefer und tiefer. Von dem Stromschlag bin ich ohnmächtig.

Mondgesicht-Überkopf-Wolkenwesen auf Wolke 3003

Glücklicherweise breitet sich unter mir eine große Wolke wie ein schützendes Rettungskissen aus. Wie durch einen Zauber falle ich nicht durch die Wolke hindurch, sondern lande sanft wie auf einem luftigen Federbett.
Ganz außer Atem erreicht auch Pilvi die rettende Wolke.
Mein Wolkenpferd ist total erschöpft von dem Ritt durch das gefährliche Blitzgewitter. Behutsam legt es seine Nüstern auf meinen Hals, und spürt schwach meine Halsadern pochen.
Ich lebe noch, bin aber immer noch bewusstlos.
Liebevoll schaut Pilvi mich an. Langsam fühle ich mich besser und merke, wie todmüde ich bin. Pilvi auch.
Beide fallen wir in einen tiefen Schlaf.

Nach einem langen, traumlosen Schlaf öffne ich meine Augen.
Direkt über meiner Stirn erblicke ich einen runden Kopf, so rund wie ein Vollmond.
Freundlich beugt er sich über mich. Er hat keine Haare.
Die Nase ist so groß und lang wie eine Banane.

An den Seiten befinden sich riesige Ohren, die bestimmt noch das leiseste Geräusch wahrnehmen können.
›Was für ein seltsames Geschöpf!‹, denke ich.
Merkwürdigerweise läuft das Wesen über Kopf.
Mit kurzen Armen geht es auf seinen Händen.
In der Luft baumeln ulkige Beine, die es zu einem komplizierten Knoten zusammengeschlungen hat. Später erfahre ich, dass die Mondgesicht-Überkopf-Wolkenwesen ihre Beine als Sende- und Empfangsmasten nutzen wie Antennen. Noch nie habe ich solch ein komisches Wesen gesehen! Zu meinem Erstaunen sprechen sie ein feines Französisch. Das finde ich lustig.
Erst chinesischsprechende Murmels, jetzt Mondgesicht-Überkopf-Wolkenwesen, die Französisch reden!

„Qui êtes vous? D'où êtes-vous?
(Wer seid ihr? Woher kommt ihr?)",
fragt eines der Wesen neugierig.
Pilvi versteht ein wenig Französisch und antwortet:
„Ich bin Pilvi, das Wolkenpferd, und das ist meine Freundin Wanda, ein Menschenkind.
Wir sind dem Gewitterriesen begegnet.
Wanda wurde von dem Stromschlag eines Electrophorus getroffen und war dadurch bewusstlos.
Wir suchen das Land, wo sie geboren wurde.
Sie möchte wissen, wer ihre leiblichen Eltern sind."
„Intéressant! Veux-tu te reposer, Wanda?
Envie d'un pique-nique?
*(Interessant! Möchtest du dich erholen, Wanda?
Lust auf ein Picknick?)*"

Auf einer hübschen Wolkenwiese lassen wir uns auf einer Decke nieder und genießen mit den Mondgesicht-Überkopf-Wolkenwesen ein köstliches Picknick.
Es gibt warmes Dinkelbrot, milden Goudakäse und würzige Fenchelsalami.
Zum Nachtisch werden verschiedene exotische Obstsorten und ein fruchtigsüßer Blaubeerkuchen mit einem großen Berg Schlagsahne serviert.
Pilvi und ich sind sehr glücklich über die Gastfreundschaft der Mondgesicht-Überkopf-Wolkenwesen.

„Tout étranger est le bienvenu!"
Pilvi übersetzt: „Jeder Fremde ist uns willkommen."
„Avez-vous envie d'un jeu?", fragt ein kleinwüchsiges Mondgesicht-Überkopf-Wolkenwesen.
Vielleicht ist es auch ein Kind?
„Es fragt, ob wir Lust haben, mit ihnen ein Spiel zu spielen."
Im Kreis stehen vier Mondgesicht-Überkopf-Wolkenwesen um Pilvi und mich herum.
„Ja, sehr gerne! Was für ein Spiel wollt ihr spielen?", frage ich entzückt von der Idee.
Ein älteres Mondgesicht-Überkopf-Wolkenwesen namens Bovo, mit vielen Falten im Gesicht, erwidert in meiner Sprache:
„Ein Ratespiel. Einer zeichnet etwas auf ein Blatt Papier und die anderen müssen raten, was die Zeichnung darstellt."
„Ja, das klingt gut! Aber woher sprichst du meine Sprache?"
„Vor einigen Jahren habe ich eine Weile auf einer Wolke über eurem Land Urlaub gemacht. Ich nutzte die Gelegenheit, um eure Sprache zu erlernen."

Wir setzen uns alle zusammen auf flauschige Wolkenkissen. Das Kind Ugli beginnt mit der ersten Zeichnung.
„Qu'est-ce que c'est?"
Diesmal übersetzt Bovo: „Was bedeutet das?"
Sofort platze ich mit einer Antwort heraus:
„Das ist ein Langnasen-Streifen-Affe!"
„Oui, c'est vrai! Bravo!"
„Du hast richtig geraten!", jubelt Pilvi mir zu.
Jetzt ist Koko an der Reihe. Sein Name bedeutet auf Wolkenindianisch „Nacht" und auf Wolkenjapanisch „Storch". Koko ist stolz auf die verschiedenen Bedeutungen seines Namens. Angestrengt grübelt er gerade über eine Idee für seine Zeichnung.
„Allez, commence déjà *(Los, fang schon an)*!", ruft seine Freundin Kiki ihm ungeduldig zu.
Kiki ist die Kurzform für den griechischen Vornamen Kiriaki, was „Sonntagskind" bedeutet. Ihre Geburtswolke schwebte nämlich über Griechenland. Daher gaben ihre Eltern ihr diesen Namen.
Koko und Kiki passen gut zueinander. Sie lieben es, über die Bedeutungen von Wörtern nachzudenken.
Mit einer Wolkenfeder macht Koko die ersten Striche.
Er hat ein Wolkenglas mit Wolkentinte neben sich stehen.
Flink wandert seine Hand über das Papier, Strich für Strich.
„J'ai fini *(Ich bin fertig)*!", sagt Koko zufrieden.
Das Nachdenken hat eindeutig länger gedauert als das Zeichnen.
Währenddessen haben wir bunte Wolkenbonbons gelutscht. Daher überhören wir, dass Koko mit seiner Zeichnung schon fertig ist. Die Bonbons sind etwas ganz Besonderes.
Sie haben alle eine andere Farbe und Füllung.
Kiki lutscht ein rosanes Bonbon mit schwarzen Punkten und gelber Füllung.

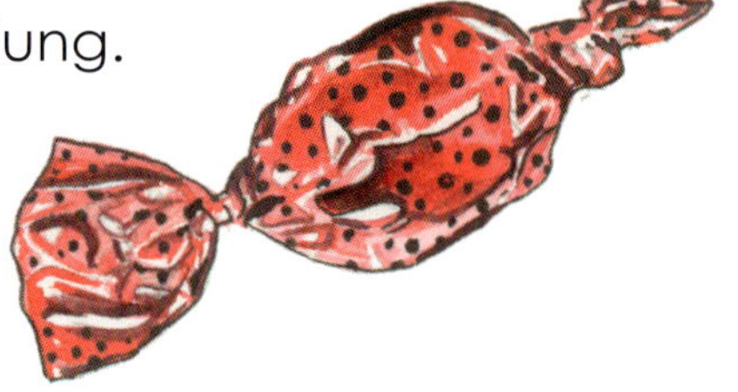

Es schmeckt nach Orangen, Himbeeren und einer Spur Pfeffer.
Jedes Bonbon, und das ist das Beste überhaupt,
bringt eine Überraschung mit sich.
„Pilvi, kennst du diese magischen Wolkenbonbons?
Weißt du, was passiert, wenn man sie lutscht?",
frage ich mein Wolkenpferd.
Skeptisch drehe ich das pink schillernde Bonbon,
den mir Kiki gegeben hat, zwischen meinen Fingern.
„Mmm, ja, äußerst leckere Bonbons, die meisten zumindest!
Es gibt aber auch welche, die schmecken wie alte Popel
oder faule Eier. Manche Bonbons verursachen
einen schlimmen Juckreiz oder eine schrill klingende Stimme.
Es gibt sogar welche, bei denen sich die Knochen in
labberiges Gummi verwandeln. Naja, das sind die fiesen
Auswirkungen der Bonbons.
Für die Zuschauer ist das allerdings besonders lustig zu
beobachten. Aber keine Bange, es gibt natürlich auch
Zauberbonbons, die schöne Wirkungen haben."
„Was denn zum Beispiel? Sehe ich dann so schön aus
wie Marilyn Monroe? Oder kann ich dann wie ein Vogel
durch die Lüfte fliegen? So ganz ohne Wolkenpferd,
meine ich natürlich, hihi!"
„Ja, genau! Oder du bist unsichtbar und kannst dabei
alles Mögliche aushecken. Ugli bekam einmal sogar
Superkräfte wie Popeye der Seemann, wenn er sich eine
Dose Spinat in den Mund schüttet. Leider gibt es die Bonbons
mit den angenehmen Wirkungen viel seltener.
Die Wirkung dauert in jedem Fall immer nur fünfzehn Minuten."
„Puh, da bin ich erleichtert, dass das nicht länger dauert.
Okay, dann probiere ich jetzt mein Bonbon",
sage ich und schiebe mir neugierig das pinke Bonbon
in meinen Mund.
Genüsslich lasse ich es auf meiner Zunge zergehen.

„Mmm, yummy, das schmeckt aber lecker! Nach Kokos und Litschi."
In diesem Moment verwandelt sich meine Haut. Mir wächst plötzlich ein Fell am Körper, gelbbraun gestreift wie bei einem Tiger. „Oje, Pilvi! Ich kriege ja überall kratzige Haare auf der Haut. Wie eklig!", stöhne ich.

„Keine Sorge! Der Bonbonzauber ist ja bald wieder zu Ende", versucht Pilvi mich zu beruhigen.
Koko rollt leicht verärgert mit seinen Augen. Nun brüllt er laut in die bonbonlutschende Menge hinein:
„Arrêtez! J'ai fini mon dessin. Regardez ici s'il vous plâit! Qu'est-ce que c'est? *(Hört auf! Ich habe meine Zeichnung beendet. Schaut bitte her! Was ist das?)*"

Vor Schreck verschluckt Kiki fast ihr grünes Minzkiwibonbon. Gebannt schauen alle auf Kokos Zeichnung. Ich frage gleich als Erste: „Ist das eine Esskastanienschale?"
„Non, je suis désolé *(Nein, ich bedaure)*", sagt Koko freudig. Er mag es, wenn die anderen lange grübeln, bis sie die Lösung herausbekommen. Coci, eine Freundin von Kiki, ergreift das Wort. „C'est une éponge avec des aiguilles de pin *(Es ist ein Schwamm mit Tannennadeln)*!"
„Non, non, non *(Nein, nein, nein)*!", lacht Koko. „Absolument faux *(Absolut falsch)*!"
Nun spricht Bovo:
„Ich glaube, es ist ein Igel, der einen Pilzhut trägt. Seine Stacheln durchbohren einen Pilz."

„Oui *(Ja)*!“, sagt Koko, fast ein wenig traurig. Er hätte sich gerne noch viele falsche Antworten angehört. Mit der Lösung des Rätsels verschwindet auch endlich das Tigerfell auf meinem Körper. Erleichtert betrachte ich mein Spiegelbild in einer Regenpfütze, die sich in einem Wolkenloch gebildet hat.

„Hey Pilvi, ich sehe wieder ganz normal aus! War gar nicht so schlimm. Jetzt weiß ich wenigstens, wie sich meine behaarten Affenvorfahren gefühlt haben. Oder wie sich Kratzbürsten fühlen, haha!“

„Na, siehst du! Halb so wild, diese Zauberbonbons. Komm mal rüber, die Sieger des Spiels bekommen eine tolle Belohnung.“ Bovo ruft alle zum Siegerpodest. Feierlich erklärt er:

„Es gibt also zwei Sieger. Derjenige, dessen Zeichnung die meisten falschen Antworten erhielt, bekommt als Preis eine Tafel weiße Wolkenschokolade. Das ist aber nicht irgendeine Schokolade. Wenn man sie isst, hat man die kommende Nacht die schönsten Träume. Koko, du bekommst diesen Preis!“ Mit überschwänglicher Freude überreicht er ihm die weiße Wolkenschokolade. Koko beißt sofort von der Schokolade ein großes Stück ab. „Mmm, c'est délicieux *(Mmm, das ist köstlich)*!“, sagt Koko schmatzend und freut sich auf die Traumnacht. Bovo kommt mit großen Schritten auf mich zu.

„Wanda, du hast die Bedeutung der Zeichnung gleich beim ersten Raten herausgefunden. Dafür erhältst du den Superpreis, einen gläsernen Pokal Wolkenlimonade mit Guavengeschmack. Die Limonade bewirkt, dass du in der nächsten Nacht, in einem Traum, in deine Vergangenheit und in deine Zukunft schauen kannst.“

Glücklich steige ich auf das Siegertreppchen und Bovo überreicht mir feierlich den Pokal. Von Neugier erfüllt, nehme ich einen großen Schluck Wolkenlimonade.

„Mmm, lecker!“

Wandas Traum

An den Hals von Pilvi gekuschelt,
schnuppere ich an seinem Fell
und schlafe bald geborgen ein.
Der Guavengeschmack liegt
noch auf meiner Zunge,
als ich in eine lebhafte
Traumwelt versinke.

Auf Pilvi durch die Lüfte reitend sehe ich unter mir eine weite, hüglige Landschaft. Zwischen saftigen, wiesenübersäten Hochflächen breiten sich unzählige kristallklare Seen aus. Unter mir erstrecken sich hohe Berge, die wie Inseln aus der flachen Landschaft herausragen. Die Erde ist mit Gräsern, Moosen und Heidekraut bewachsen. Vor uns erstreckt sich ein großer tiefblauer See. Seltsamerweise weiß ich, dass der See „Inarijärvi" heißt. Durch seine über tausend Inseln erweckt er eher den Eindruck eines Labyrinths aus Wasserstraßen als den eines offenen Sees. Die Ufer sind mit dichten Kiefernwäldern bewachsen. Ich sehe verschiedene wilde Tiere, darunter Elche, Bären, Wölfe und Rentiere. Die Landschaft erscheint mir menschenleer, wie eine unbewohnte Wildnis. In der Ferne erblicke ich am Ufer des Sees ein Dorf. In meinem Kopf macht es plötzlich PLOPP und ich weiß auf wundersame Weise, dass das Dorf „Inari" heißt. Im Augenblick des Träumens wird mir klar, dass Inari der Ort meiner Geburt ist. Verschwommen sehe ich einen Mann vor einem roten Holzhaus stehen.

In seiner Hand hält er ein Rentier an der Leine. Fröhlich winkt er und ruft mir etwas zu. Aber ich verstehe ihn nicht. Er spricht eine andere Sprache. Mit Mühe vernehme ich nur das Wort ‚enni'. Es kommt mir vertraut vor, obwohl ich nicht weiß, was es bedeutet. Im nächsten Augenblick befinde ich mich in einem kleinen, schmalen Flur vor einer Kommode. Verwundert blicke ich in einen Spiegel und erkenne mein Gesicht wieder. Auf der Kommode stehen eine Vase mit einem bunten Wiesenblumenstrauß und eine eingerahmte Fotografie. Auf dieser sehe ich ein junges Paar mit einem lächelnden Baby im Arm. Sie stehen auf einer Mole. Im Hintergrund schlägt das Meer hohe Wellen. Die Frau trägt eine rote Kopfbedeckung, ein blau-rotes Kleid und um den Hals geschlungen ein buntes Wolltuch. Am Rand ist das Tuch mit vielen Kordeln verziert, die über ihre Brust fallen. Bei dem Mann fällt mir ein breiter, reich verzierter Gürtel über dem blauen Gewand auf. Das Baby trägt eine rot gestreifte Babymütze und ein hübsches blaues Kleidchen.

Bin ich etwa das Baby auf der Fotografie?

Sind der Mann und die Frau meine richtigen Eltern?

Ihre Kleidung scheint aus einer anderen Zeit zu sein.

Mir läuft ein Schauer über den Rücken. Von hinten legt sich plötzlich eine vertraute Hand auf meine Schulter.

Eine weibliche Stimme haucht zärtlich meinen Namen: „Finja".

Gerade möchte ich mich umdrehen, um das Gesicht der Frau anzusehen, da beginnen die Traumbilder wie eine abbröckelnde Fassadenwand ihre Farben zu verlieren.

Der Traum löst sich auf.

Total verschwitzt wache ich auf. Pilvi schläft noch.
„Wunderirribaffsuperdatterperplexatisch!“,
rufe ich noch schlaftrunken aus.
Pilvi öffnet ein Auge und blinzelt müde.
„Ist schon Morgen?“
„Du glaubst nicht, was ich gerade geträumt habe!
Ich war in einem kleinen Dorf. Es trug den Namen Inari.
Ein Mann und ein Rentier standen vor einem roten Haus.
Der Mann rief mir etwas zu.
Nur das Wort ‚*enni*‘ konnte ich heraushören.
Im Haus sah ich auf einer Fotografie ein Porträt meiner Eltern.
Ich lag in den Armen meiner Mutter. Weißt du, was das Wort
‚*enni*‘ bedeutet? Liegt Inari in Finnland?
Werde ich diesen Ort in meiner Zukunft kennenlernen?“
Vor Aufregung rede ich so schnell, dass ich mich beim Reden verhaspele.
„Warte mal kurz!“, versucht Pilvi, mich zu beruhigen.
„Eins nach dem anderen. Ja, es ist ein kleiner Ausschnitt aus deiner Zukunft. Inari ist ein Dorf in Finnland-Lappland. Es liegt an einer Flussmündung, die in den See Inarijärvi mündet.“
„Ja, ich habe einen Fluss und einen sehr großen See im Traum gesehen.
Meine Eltern und ich waren auf der Fotografie so komisch gekleidet. Weißt du, warum?“
„Das ist die traditionelle Tracht der Urbevölkerung Lapplands, des Volkes der Samen. Jetzt kennst du auch dieses Puzzleteil in deinem Rätsel.“
„Sind meine Vorfahren Samen?“
Ich muss lachen, weil das so lustig klingt.
Die ganze Zeit muss ich an Pflanzensamen denken.
„Die Samen nennen sich selbst Sámi.
Eine frühere Bezeichnung ist ‚*Lappen*‘.
Sie gilt aber als veraltet und herabwürdigend.

Deine Eltern sprechen die inarisamische Sprache, eine von vielen samischen Sprachen. Sie wird nur noch von wenigen Menschen gesprochen. Ich habe dich schon einmal im Schlaf sprechen gehört. Du hast samisch gesprochen. ‚*enni*' bedeutet Mutter."

„Ich möchte den Mann kennenlernen, der mit dem Rentier zusammenlebt. Weißt du, wer er ist?",
frage ich neugierig das Wolkenpferd.

„Es ist dein Onkel, der Bruder deiner Mutter. Er heißt Kárral. Du wirst ihn bald kennenlernen."

„Was ist mit meinen Eltern passiert?
Warum haben sie mich allein gelassen?"

„Habe noch etwas Geduld! Bald wirst du Antworten auf deine Fragen finden. Wir reisen morgen in aller Früh nach Talla Tulla Land. Das ist eine Insel in der Barentssee, dem Meer nördlich von Skandinavien. Dort treffen wir einen samischen Schamanen. Er wird dir einen weiteren Blick in deine Vergangenheit ermöglichen."

„Was ist ein Schamane?"

„Das ist eine schwierige Frage. Im engeren Sinne ist ein Schamane ein spiritueller Mensch aus dem Kulturkreis Sibiriens. Er hat besondere Fähigkeiten und Gaben. Ein Schamane hat magische Kräfte und heilende Fähigkeiten. Er kann sogar mit der Geisterwelt in Verbindung treten und die Zukunft vorhersagen."

Viele Stunden verbringen Pilvi und ich mit Reden. Erschöpft schlafen wir endlich auf unseren weichen Wolkenkissen ein.

Die Insel Talla Tulla Land
und der Schamane

Kurz vor Sonnenaufgang brechen Pilvi und ich auf.
Nach zwei Tagen Galopp über den Wolkenhimmel erspähe ich in der Ferne eine Erhebung im Meer. Das muss die gesuchte Insel sein. Pilvi hat einen sicheren inneren Kompass, der uns beide nie im Stich lässt.
„Schau, Pilvi, dort! Dort hinten, siehst du es? Ich glaube, das ist die Insel, die wir suchen.“, rufe ich begeistert.
Pilvi schnaubt zustimmend. „Ja, das ist Talla Tulla Land.
Bald werden wir ankommen. Ruhe dich noch ein wenig aus.
Wir müssen nachher einen steinigen und steilen Weg entlang wandern, bis wir den Schamanen erreichen.
Er ist der einzige menschliche Bewohner der Insel.“

„Wow, guck mal, Pilvi, da schwimmt eine Herde großer Blauwale! Die sehen aber schön aus! So etwas habe ich ja noch nie gesehen. Und da ist sogar ein süßes Walbaby, wie niedlich!"
„Soll ich etwas tiefer fliegen?
Dann kannst du die Wale besser beobachten?"
„Oh ja, das wäre super! Ich glaube, die Walmama versucht gerade, ihr Kind zu stillen. Ist das putzig!"
Pilvi fliegt tiefer, zu den Walen hinab.
Plötzlich stößt ein Wal eine meterhohe Wasserfontäne aus.
„HUIII, das war knapp!",
rufe ich erschrocken und pitschnass vom Wasserstrahl.
„Das war ja ne Mordsdusche eben!"
„Halt dich gut fest! Ein Bad im Meer bekommt dir bestimmt nicht so gut. Es ist saukalt und nachher verschluckt dich noch ein Wal wie den armen Jona in der Bibel. Oder ein Hai frisst dich zum Frühstück. Also pass gut auf dich auf, kleine Wanda!"

„Der Glücksbringer von dem Murmelkind hat mich eben bestimmt beschützt!"
Trotzdem umschlinge ich Pilvis Mähne und Hals noch fester als vorher und presse meine Beine eng an seinen Pferdeleib.
Die Sonne trocknet schnell meine Kleider.
Große Eismöwen fliegen um uns herum.
Sie kreischen so laut, dass ich mir die Ohren zuhalten muss.
Erst ein hohes ue-ue-ue-ue, dann ein schrill klingendes ai-ai-ai.
„Wie lustig, das Vogelgepfeife klingt ja ein bisschen nach meiner Katze Cleo! Hör mal, Pilvi!

Jetzt schallt es wie ein Alarmruf!“

Ein gellendes ga-ga-gak, kek-kek-kek, go-go-gok weht zu uns hinüber.

Eine der Möwen verliert eine große Feder, die auf mich herabschwebt. Ich stecke diese schöne Feder in meinen Reiserucksack.

Die Insel kommt immer näher. Eine riesige steilaufragende Klifflandschaft taucht vor uns auf. An ihrem Saum schlagen sich hohe Meereswellen nieder.

Das Meer tobt und tost in der Brandung. Von oben betrachtet, ähnelt die Insel einem Dreieck. Nur wenige Bäume wachsen auf dem kargen Eiland. Über eine steinige, geröllartige Hochebene zieht sich, so groß wie ein Fußballfeld, ein Teppich aus rosafarbenen Steinbrechblüten.

Hinter einem Felsen versteckt, erspähe ich einen schneeweißen Polarfuchs. Eingerollt schläft er in einer schattigen Felsmulde. Auf einer sonnendurchfluteten Anhöhe versammelt sich eine Rentierherde, die auf der Wiese friedlich weidet.

Pilvi wiehert: „Achtung, Passagier! Anschnallen bitte, wir setzen zur Landung an. Es kann zu Turbulenzen kommen!“

Ich umklammere fest den Pferdehals und wir gehen in den Sinkflug über.

Die Landung ist holprig. Auf dem Pferderücken werde ich ganz schön durchgeschüttelt.

Langsam steige ich von Pilvi, und fühle mich die ersten Schritte sehr wacklig auf den Füßen, da ich so lange auf ihm gesessen habe. Wir sind mitten auf dem rosanen Blütenteppich gelandet. Vor uns erstreckt sich eine weite hüglige Landschaft. Der Himmel ist wolkenlos. Die Sonne strahlt. Es ist kühl für einen Sommertag im Juli, hier aber normal. Ich hole eine warme Jacke aus dem Rucksack. Nach einem kleinen Picknick brechen wir auf. „Sei wachsam, hier gibt es Eisbären und andere wilde Tiere!“, warnt Pilvi mich. „Der Ort, wo der Schamane lebt, liegt sehr versteckt. Um ihn zu finden, müssen wir einen geheimen Fußweg entlang gehen.“ Ich erinnere mich, dass Eisbären die größten an Land lebenden Raubtiere der Erde sind, und bis zu drei Meter groß werden können. Sie können sehr gefährlich sein.

Seit einer Stunde schon wandern Pilvi und ich über einen steinigen Küstenstrand. Verschiedene Vogelarten brüten in Sandmulden und Felsnischen. Wir versuchen, sehr leise zu sein, um die Vögel nicht zu stören. Mein Vater Peter kennt sich gut mit dem Leben der Vögel aus. Manchmal muss ich mir minutenlange Monologe über verschiedenste Vogelarten anhören. Aber ich finde es toll, wenn er alle möglichen Vogelstimmen nachahmt. Entlang der Steilküste entdecke ich schnatternde Dreizehenmöwen und pfeifende Papageientaucher. Vor uns erhebt sich ein steiler Berghang, den wir mühsam hochklettern. Auf den drei Gipfeln liegt weißer Pulverschnee.

„Dieser Berg ist der höchste Berg auf der Insel Talla Tulla Land. Seine drei Gipfel stehen für die Vergangenheit, für die Gegenwart und für die Zukunft. Obwohl jeder der Gipfel für sich steht, sind doch alle mit dem Berg verbunden. Sie bilden eine Einheit."

„Was bedeutet das? Meinst du, dass die Vergangenheit, die Gegenwart und die Zukunft miteinander verknüpft sind?", frage ich verblüfft. In meinem Gesicht leuchten wieder rote Grübelpunkte.

„Ja genau, das meine ich. Besonders die Schamanen besitzen die Fähigkeit, zwischen diesen Zeitebenen zu wandeln."

„Kann dann der Schamane vielleicht auch eine Verbindung zu meinen Eltern in der Vergangenheit herstellen?", frage ich hoffnungsvoll.

„Vielleicht, aber erst mal müssen wir ihn finden."

Ins Gespräch versunken bemerken Pilvi und ich gar nicht, dass uns ein Eisbär hinter einem Felsen beobachtet. Wahrscheinlich hat er schon lange unsere Witterung aufgenommen. Er lauert auf seine Beute. Für sich und seine Eisbärfamilie braucht er dringend Nahrung. Seine Eisbärfrau hat vier Jungen geboren. Diese sind sehr hungrig. Auf einmal höre ich den Boden stark vibrieren, Steine knirschen und rollen weg. Aus hundert Meter Entfernung kommt der Eisbär auf uns zu gerannt. Zwischen uns liegt ein schmaler Bach, der sich durch die Landschaft schlängelt. Große Steine formen das Bett des Baches. Der Eisbär rutscht auf einem Stein aus und fällt ins Wasser.

Es muss noch ein junger Eisbär mit wenig Jagderfahrung sein. Schnell rappelt er sich durchgenässt wieder auf. Ich sehe, dass der Eisbär recht mager aussieht. Offenbar findet er nicht genügend Nahrung. Der Eisbär tut mir leid, trotzdem habe ich ungeheure Angst. Schnell laufe ich zu Pilvi hinüber. Er hat sich etwas von mir entfernt, um das saftige, leckere Gras zu fressen.
„Pilvi, Pilvi, ein Eisbär! Wir müssen fliehen!“, schreie ich angstvoll.
Erschrocken wendet Pilvi seinen Kopf zu mir.
Er hat den gefährlichen Bären noch gar nicht bemerkt.
Blitzschnell galoppiert er mir entgegen.
„Spring auf meinen Rücken!“, ruft Pilvi mir besorgt zu.
Nur noch wenige Meter trennen mich vom gefährlichen Eisbär.
Ein erschütterndes Brüllen dringt mir durch Mark und Bein.
In voller Größe richtet er sich vor mir auf. Aus seinem furchteinflößenden Maul blitzen mir seine messerscharfen Zähne entgegen. Angstschweiß bricht mir aus.
„Hilfe! Hilfe!“, schreie ich laut.
Der Eisbär ist jetzt nur noch zwei Meter hinter mir.
Plötzlich taucht, wie aus dem Nichts, Pilvi neben mir auf.
Mit einem Satz springe ich auf Pilvis rettenden Rücken.
In Sekundenschnelle steigt mein Wolkenpferd in die Lüfte auf. Nur knapp entkommen wir den todbringenden Tatzen des Bären.
„Oh Mann, das war echt megaknapp!“ rufe ich erleichtert aus.

›Hoffentlich findet der Eisbär noch eine Robbe und stirbt nicht an Hunger!‹, denke ich mitfühlend. Ich erinnere mich an die Fotografie eines Eisbären. Fast bis zum Skelett abgemagert trieb er einsam auf einer Eisscholle, seinem unausweichlichen Ende entgegen.

Der schmale Fußweg, der zum Schamanen führt, ist durch eine Schneelawine verschüttet und nicht mehr begehbar.
„Entgegen der Schamanenregel müssen wir nun doch den letzten Abschnitt des Weges zu seiner Hütte fliegen. Hoffentlich kommen wir an!", sagt Pilvi.
„Warum sollte uns das nicht gelingen?"
„In der Luft könnte es magische Sperren geben, die unseren Weg behindern. Wir werden sehen, ob wir es schaffen. Wenn uns der Schamane wohlgesinnt ist, bin ich optimistisch."
„Was für magische Sperren meinst du?"
„Diese Sperren sind für uns unsichtbar. Du kennst doch bestimmt Krimis, in denen der Einbrecher in eine Bank oder ein Museum eindringen möchte. Es gibt zur Alarmsicherung so grüne Laserlinien, die bei Berührung sofort Alarm auslösen. So was Ähnliches ist das. Naja, auf jeden Fall kommen wir durch diese Sperren nicht hindurch, wenn der Schamane es nicht möchte."
Pilvi und ich fliegen auf die andere Seite des Berges. Kein unsichtbares Hindernis versperrt uns den Weg. Das Glück ist auf unserer Seite! In der Ferne sehen wir eine Rauchsäule in den Himmel aufsteigen. Wir fliegen wieder tiefer und entdecken eine kleine Behausung.
Pilvi senkt wie einen Fingerzeig seinen Kopf nach unten zur Behausung und erklärt: „Das ist eine Kote, aus Torf und Holz gebaut. In solchen Unterkünften lebten die Samen früher. Dort lebt der Schamane."
Aus der Kote hören wir eine fremdartige Melodie zu uns aufsteigen.
Neben der Kote befindet sich eine Feuerstelle. Von dort ist der Rauch aufgestiegen. Ein Mann tritt aus der Kote. Er ist in ein Sámi-Gewand aus farbigem Leder und Fell gehüllt. Auf der Erde neben der Feuerstelle liegt ein grobes Leinentuch mit gesalzenem und geräuchertem Rentierfleisch, Fladenbrot

und gekochtem Sauerampfer mit Milch und Zucker.
„Schön, dass ihr sicher angekommen seid! Ich habe euch erwartet. Mein Name ist DER MIT DEM WIND WEHT."
Ich staune, dass der Schamane meine Sprache sprechen kann.
„Ihr seid weit gereist, liebe Freunde!"
„Ja, unsere Reise begann in einem Dorf an der Ostsee, wo mein Elternhaus steht, und ich eines Tages Pilvi kennenlernte.
Wir besuchten den Kleinen Prinzen auf Wolke 1001,
die Murmels, die Mondgesicht-Überkopf-Wolkenwesen und ... "
Gerade möchte ich weitererzählen, da werde ich durch den Schamanen unterbrochen.
„Ich weiß, Wanda. Der Wind hat es mir erzählt. Ich wusste, dass ihr mich heute besuchen würdet."
Verblüfft schaue ich den Schamanen mit großen Augen an.
„Natürlich weiß ich auch, weshalb ihr mich besucht", sagt der Schamane und schmunzelt bei seinen Worten.
„Aber lasst uns erst essen. Ihr werdet ordentlich hungrig sein. Ohne etwas im Magen kann man nicht gut denken."
Er macht eine einladende Handbewegung, und wir drei setzen uns um die wärmende Feuerstelle. Langsam senkt sich das feurige Abendrot über die weite karge Landschaft.
Die Feuerfunken steigen in den dämmernden Abendhimmel und gesellen sich zu den zart aufglimmenden Sternen.
Der Schamane und ich essen von dem köstlichen Rentierfleisch, das er uns in Holzschalen anbietet. Pilvi bevorzugt das frische Gras, das um die Kote herum wächst.
„Mmm, das Fleisch schmeckt aber gut! Ich habe noch nie Rentierfleisch gegessen. Der Geschmack erinnert mich ein wenig an Rothirsch. Mein Vater hat schon einmal einen Hirsch gebraten."
„Ich halte einige Rentiere. Sie sind für mich wichtige Begleiter in meinem Leben. Das Fleisch und die Milch dienen mir als Nahrung. Die Felle kann ich für meine Kleidung und Zelte

verwenden. Aus den Knochen fertige ich Werkzeuge und die Sehnen kann ich als Garn benutzen. Natürlich dienen mir meine Rentiere auch als Fortbewegungsmittel. Im Winter ziehen sie meinen Schlitten durch den tiefen Schnee."

„Dann sind sie ja sehr nützliche Tiere.
Gibst du deinen Rentieren Namen?"

„Ja, sie sind ja auch ein wenig wie Freunde für mich.
Mein liebstes Rentier heißt Olá. Aber sag mal,
möchtest du nicht einen Blick in deine Vergangenheit werfen?"

„Ja, deswegen sind wir zu dir gekommen.
Kannst du mir helfen?"

Der Schamane nickt ihr zu und holt aus der Kote eine reich verzierte, sehr große Trommel.

Sie ist aus einem heiligen Holz, dem Weltenbaum angefertigt. Auf der Trommelhaut sind ungewöhnliche Muster und Figuren aufgezeichnet.

„Was ist denn das für eine seltsame Trommel?
Da sind überall so merkwürdige Zeichen drauf.
Kannst du damit in meine Vergangenheit schauen?"

„Genau, wir reisen mit der Trommel in deine Vergangenheit."

Behutsam legt er ein kurzes dünnes Stöckchen auf die Trommeloberfläche. Langsam beginnen seine Hände rhythmisch auf die Trommel zu schlagen.
Das Stöckchen dreht sich im Kreis.

„Das Stöckchen unternimmt auf der Trommel eine bestimmte Reise. Wenn ich aufhöre zu trommeln, bleibt es bei einem Symbol stehen. Es steht für ein Erlebnis aus deiner Lebensgeschichte."

Beim Trommeln fällt der Schamane in einen gleichförmigen Gesang. Zentimeter um Zentimeter beginnt das Stöckchen sich zu drehen, angefangen bei dem Symbol eines Rentieres. Meine Augen folgen neugierig dem Stöckchen.
Es bleibt bei mehreren Symbolen liegen,
erst bei Gitterstäben, dann bei einem Kompass,
einem Haus und einer Träne.
„Was bedeuten all diese Zeichen?",
frage ich den Schamanen verwirrt. Langsam erwacht er aus seiner Trance. „Mit deiner Geburt in Lappland beginnt deine Reise. Dafür steht das Rentier, das hier heimisch ist. Die Gitterstäbe und der Kompass könnten bedeuten, dass deine Eltern mit dir geflüchtet sind. Am Ende der Flucht hast du ein neues zu Hause gefunden, daher das Haus. Ich vermute, dass die Träne bedeutet, dass deinen Eltern auf eurer Flucht etwas zugestoßen ist.
Vielleicht sind sie ums Leben gekommen."
Bei diesen Worten zucke ich zusammen.
Irgendwie habe ich bis jetzt die Hoffnung gehabt,
dass meine richtigen Eltern doch noch leben.

„Wir sind aus Lappland geflüchtet? Aber wieso?
Warum sind meine Eltern gestorben?"
Tränen füllen meine Augen. Ich habe geahnt, dass der Blick in meine Vergangenheit für mich schmerzhaft sein könnte. Aber ich möchte meine Geschichte trotzdem verstehen.
„Ich werde mich erneut in Trance versetzen und in Verbindung mit der Geisterwelt treten. Aus deiner Vergangenheit werde ich einen Geist in mich hineinfahren lassen. Du wirst ihn an seiner Stimme erkennen, wenn er zu dir spricht.

Nur du, Wanda, kannst das Gesprochene deuten.“
„Echt, du kannst mit Geistern sprechen? Das ist aber cool! Ich wünschte, ich könnte das auch. Dann wären Mama und Papa immer bei mir.“ Wieder beginnt der Schamane wie in Trance zu trommeln. Er verfällt in einen spirituellen Gesang. Dabei schließt er die Augen. Sein Körper fängt an, sich im Rhythmus der Klänge zu bewegen. Die Trance öffnet die Tür zu einer anderen Wirklichkeit.

Ein leises Schluchzen dringt an mein Ohr. Wie aus einer anderen Welt kommend, vernehme ich eine singende weibliche Stimme.
„Pilvi, hörst du die Stimme auch?“, frage ich verwundert.
„Sie klingt wie die meiner Mama. Ganz bestimmt. Aber ich sehe sie nirgends.“
„Der Körper deiner Mama ist unsichtbar. Du kannst nur ihre Stimme hören. Verstehst du, was sie zu dir sagt?“
„Sie singt ein Lied. Es klingt wie ein Wiegenlied. Ich glaube in samischer Sprache. Ich verstehe nur einzelne Worte, aber nicht was sie bedeuten. Ich kann ja kein samisch sprechen.“

„Nohka, nohka, mánná nohka, nohka mánná. Aa-aa aa-aa aa-aa, nohka, nohka mánná.“

Langsam kehrt der Schamane aus seinem Trancezustand in die Jetztzeit zurück. Erschöpft von seiner inneren Reise setzt er sich auf einen Holzhocker an die Feuerstelle, deren Holzscheite knisternd das letzte Feuerlicht in die Dunkelheit verlieren. Ein zaghaftes Lächeln mischt sich mit den Tränenperlen, die über meine Wangen kullern.

Aufgewühlt sage ich zu dem Schamanen mit leiser Stimme:
„DER MIT DEM WIND WEHT, ich habe ein samisches Lied gehört. Meine Mama sang es mir früher vor, als ich noch ein Baby war. Könntest du mir bitte die Worte übersetzen?"
Mit sanfter Stimme singt der Schamane mir die vier ersten Liedzeilen noch einmal in meiner Sprache vor:

"Schlaf, schlaf, mein Kind,
schlaf, schlaf, mein Kind.
Aa-aa aa-aa aa-aa,
schlaf, schlaf, mein Kind."

Eine zauberhafte Stille umhüllt die Feuerstelle.
Nach Minuten des Schweigens erklärt der Schamane mit neuem Feuerholz in der Hand: „Das Lied ist ein altes Wiegenlied aus Lappland. Seit unerdenklichen Zeiten singen samische Mütter dieses Lied ihren Kindern zum Einschlafen vor. So hat es auch deine Mutter getan."
In Gedanken wandere ich zurück in meine Vergangenheit.
„Ich kann mich kaum erinnern, aber ich glaube, dass uns zwei Rentiere auf einer weiten, beschwerlichen Reise begleitet haben", sage ich leise. „Auf der Hälfte der Strecke mussten wir uns von ihnen trennen. Ja, genau, so war das. Ein Fischer hat sie zu sich genommen und wollte sie wieder aufpäppeln. Die Reise hatte ihnen sehr zugesetzt.
Der Verlust unserer Rentiere war sehr schmerzlich für uns."
In der folgenden Nacht schlafen wir in der Kote des Schamanen.

DER MIT DEM WIND WEHT hat mir zur Nacht einen Schlaftrunk gegeben. Dieser führt mich durch einen Traum in meine Vergangenheit, in der ich noch ein Baby bin und Finja heiße.

Die Flucht meiner Eltern aus Finnland

Am nächsten Morgen werde ich sehr früh wach.
Pilvi und der Schamane schlafen noch.
Die Träume der letzten Nacht haben mich so aufgewühlt.
Aus meinem Rucksack krame ich ein großes Blatt Papier
und einen Stift hervor.
Ich möchte meine Träume schnell aufschreiben,
damit ich nichts vergesse.
Leise flüstere ich vor mich hin: „Am besten schreibe ich
einen Brief an Luisa und erzähle ihr von meinen Träumen.
Bestimmt fällt mir dann das Schreiben leichter.“
Ich kratze mich an der Stirn und fange zögerlich an
zu schreiben. Es fällt mir sehr schwer, die vielen Träume
zu ordnen und in Worte zu fassen.

Liebe Luisa,

ich muss dir unbedingt schreiben! Seit gestern sind Pilvi und ich auf der Insel Talla Tulla Land bei einem Schamanen.
Er heißt DER MIT DEM WIND WEHT. Ulkiger Name, oder?

Der Schamane versetzte sich in einen Trancezustand. Dabei trommelte er auf einer großen Trommel, die mit lauter bunten Symbolen verziert war. Wie ein Geisterbeschwörer! Mir war etwas unheimlich zumute.
Plötzlich hörte ich meine richtige Mama, Sunná, ein Wiegenlied singen.
Echt!
Ich habe sofort ihre Stimme wiedererkannt. Sie sang auf samisch.
Das ist meine eigentliche Muttersprache, auch wenn ich sie nie gesprochen habe! Ich war ja noch ein Baby.

Bei den Mondgesicht-Überkopf-Wolkenwesen habe ich erfahren, dass ich in Finnland geboren wurde, in dem kleinen Dorf Inari.
Meine Eltern mussten mit mir flüchten ...

Der Schamane gab mir gestern einen besonderen Schlaftrunk.
Ich träumte von meiner frühen Kindheit. Davon möchte ich dir jetzt unbedingt schreiben. Ich darf nichts vergessen!
Es waren mehrere Träume. Also, dann fang ich mal an ...

Mein erster Traum:

Vor unserer Flucht blicken meine Mama Sunná und mein Papa Ovlin traurig auf den Inarijärvi See. Wohin wird unsere Reise gehen? Ich weiß es nicht.
Meine Eltern und ich lassen unsere Heimat hinter uns.
Ein Adler kreist über den See und verliert eine lange, schmale Feder aus seinem Gefieder. Sie fällt in meine Wiege.
Ich kann mich noch gut an den Geruch und den Geschmack des Wassers des Inarijärvi Sees erinnern, wenn meine Eltern mit mir im See badeten.

Riesengroß breitet sich der See vor uns aus.
Auf einer blumenübersähten Wiese sehe ich mich am Ufer entlangkrabbeln.
Wir drei robben über das weiche Gras und lachen sehr viel.
Bei mir ist es mehr ein Glucksen.
Ich bin ungefähr sechs Monate alt. Fröhlich brabbel ich vor mich hin.
Zwei Arme umschließen mich liebevoll und legen mich sanft an dicke Brüste. Der Milchgeruch meiner Mama, Sunná, steigt mir in die Nase.

Mein zweiter Traum:

Ich sehe einen kleinen Jungen schnell über den Rasen vor dem roten Haus rennen. Übermütig läuft er einem Fußball hinterher. Meine Mutter ruft laut „Isku" durch ein offenstehendes Fenster. Isku ist mein drei Jahre alter Bruder. Stell dir vor Luisa, ich hatte einen Bruder!!!
Er dreht sich nur kurz um, und läuft weiter dem Ball hinterher.
Einige Zeit später stehen meine Eltern vor dem Grab meines Bruders.
Tränen fließen über ihre Wangen. Ich liege geborgen im Arm meiner Mama.
Mein Bruder Isku war immer so mager gewesen.
Wir hatten wenig zu essen.

Undeutlich sehe ich meinen Vater am See angeln und zappelnde Fische aus dem Wasser herausziehen. Mein Vater ist Fischer und wir haben ein paar Rentiere. Meine Mama fertigt traditionellen Schmuck an.
Aber sie verdienen damit nicht genug Geld. Nach dem Tod von Isku ändert sich alles. Meine Eltern sprechen von einer langen Reise in ein weit entferntes Land.

Mein dritter Traum:

Die Reise ist sehr anstrengend. Meine Eltern haben unsere zwei Rentiere mitgenommen. Meine Großeltern bleiben in Lappland. Sie sind zu alt für eine so lange Reise zu Fuß. Auch der Bruder meiner Mama bleibt dort.
Sein Name ist Kárral. Meine Eltern laufen zu Fuß nach Schweden.

Sie überqueren eine lange Brücke nach Dänemark. Von hier wollen sie weiter nach Deutschland reisen. Auf der Reise müssen wir unsere beiden Rentiere bei einem Fischer zurücklassen. Sie sind sehr geschwächt.
Mein Papa Ovlin stirbt an einer Blutvergiftung in Schweden.
Nur meine Mama und ich erreichen Deutschland. Ich liege in einem Weidenkorb in der Babyklappe eines Kinderhospitals. Meine Mama beugt sich über mich und singt mit trauriger Stimme ein Wiegenlied.
Meine Mama verschwindet aus meiner Erinnerung.
Ist sie auch wie Papa gestorben?
Ich bin acht Monate alt und ganz allein.

So, liebe Luisa, das war ein echt megalanger Brief!
Es ist eine traurige Geschichte.
Die Flecken auf dem Briefpapier kommen von meinen Tränen.
Aber ich bin trotzdem froh, dass ich nun meine Geschichte kenne.
Ich schreibe mir vorsichtshalber eine Kopie ab. Falls mein Brief unterwegs verloren geht. Stell dir vor, die Brieftaube kriegt plötzlich einen Hustenanfall! Schuppdiwupps, und der Brief fällt und fällt und ist weg ...

Ich sende dir den Brief wieder per Tauben-Expresspost zu!
Bestimmt werden wir bald nach Finnland reisen.

Ich vermisse dich sehr!

Bis ganz, ganz bald,
deine Freundin Wanda

Ankunft in Lappland

Auf Pilvis warmem Pferderücken wache ich schlaftrunken auf. Wir sind schon einige Stunden von Talla Tulla Land entfernt. Als Pilvi merkt, dass ich wach bin, sagt das Wolkenpferd liebevoll: „Hallo du kleine Schlafmütze! Gleich nach unserem Aufbruch bist du auf meinem Rücken eingeschlafen. Du hast sehr lebhaft geträumt. Wir sind bald in Finnland. Möchtest du deinen Onkel Kárral in Inari besuchen?"

„Ja, das ist eine gute Idee."

„Du hast mir noch gar nicht von deinen Träumen auf Talla Tulla Land erzählt."

„Ich habe alles aufgeschrieben. In einem Brief an Luisa. Kannst du ihn per Luftpost fortschicken?"

„Klar, kein Problem! Wovon hast du nun geträumt? Du kannst mir ja eine Kurzfassung erzählen."

„Im Traum erschienen mir meine frühen Kindheitserlebnisse in Finnland, als ich noch ein Baby war. Ich hatte einen dreijährigen Bruder, Isku. Er spielte gern Fußball.

Er war ein fröhliches Kind. Leider starb er. Dann kam die Flucht nach Deutschland, die auch mein Papa nicht überlebt hat und meine Mama wahrscheinlich auch nicht. Ich war plötzlich ganz allein."
Von meinen schmerzvollen Erinnerungen berührt senkt Pilvi mitfühlend seinen Kopf und schweigt. Wortlos fliegen wir über die Wolken dahin.

Nach drei Tagen kommen wir in dem Dorf Inari in Lappland an. Pilvi landet in einem gepflegten Garten, in dessen Mitte ein rotes Holzhaus steht. Dieses Haus ist mir schon einmal, in meinem Traum bei den Mondgesicht-Überkopf-Wolkenwesen, erschienen. Knarrend öffnet sich die Tür und ein Mann tritt heraus. Mit einem kraftvollen Sprung steige ich von Pilvi ab, und gehe zögernd auf den Mann zu:
„Hallo Kárral? Bist du das, mein Onkel? Ich bin Finja, deine Nichte."
Erstaunt antwortet Kárral: „Ich sah es in deinen Augen. Es sind die gleichen Augen wie die meiner Schwester Sunná. Komm, Finja, wir setzen uns auf die Terrasse! Da können wir plaudern. Unglaublich, du hast mich endlich gefunden!"
Kárral nimmt mich vor Freude in seine Arme und drückt mich so doll, dass mir fast die Luft weg bleibt.
„Ich bin ja so froh, dass du hier bist! Meine Frau und die Kinder sind gerade beim Einkaufen, kommen aber bald zurück. Dein Pferd kann auf der Wiese grasen."
Glücklich strahlt Kárral über sein ganzes Gesicht, so sehr freut er sich, mich nach so langer Zeit wiederzusehen. Für ihn heiße ich natürlich Finja.

„Wieso kannst du meine Sprache sprechen?“, wundere ich mich.
„Ich habe die deutsche Sprache gelernt, da ich die Hoffnung hatte, dass du mich irgendwann finden würdest. Warum nennt dich dein Wolkenpferd eigentlich Wanda und nicht Finja?“
„Wunderirribaffsuperdatterperplexatisch!“, platzt es aus mir heraus. „Woher weißt du, dass ich ein Wolkenpferd habe?“
„Als ich ein Kind war, hat mich auch einmal ein Wolkenpferd besucht. Es hieß Tuulikki. Tuulikki bedeutet „kleiner Wind“. Wir sind damals auch auf eine Wolkenreise gegangen. Meine heiß geliebte Schildkröte Gustu verschwand eines Tages spurlos vom Erdboden. Als hätte sie sich in Luft aufgelöst. Ich war unendlich traurig. Zusammen mit Tuulikki bin ich auf die Suche nach Gustu gegangen. Mein Wolkenpferd hatte einen guten Riecher. Weißt du, wo wir Gustu gefunden haben? Es ist echt unglaublich!“
„Hm, nein, keine Ahnung. Auch auf einer Wolke? Aber Schildkröten können doch nicht fliegen.“
„Bei Momo [2]! Sie hatte sich mit Momos Schildkröte Kassiopeia angefreundet. Wie sie in den Himmel gekommen ist, wollte sie mir nicht verraten. Zum Glück begleitete sie mich auf die Erde zurück. Die Murmels und Mondgesicht-Überkopf-Wolkenwesen habe ich übrigens auch besucht.“

Ich bin überglücklich, dass mein Onkel Kárral eine ähnliche fantastische Reise erlebt hat wie ich. So kann ich mit ihm über alles reden.

„Ich habe mir seit meiner Kindheit auch Fantasiewörter ausgedacht. Willst du mal hören?“, fragt er.

„Oh ja, sehr gern!“

„Superhelimegakukadudeldu und phantasmagorischfabelbombastico zum Beispiel“, sagt Kárral fließend, ohne sich auch nur einmal zu versprechen.

„Deine Wörter klingen witzig!“

„Aber warum heißt du nun Wanda und nicht mehr Finja?“, hakt mein Onkel noch mal nach.

„Den Namen Finja Fenchel Titanwurz mochte ich einfach nicht. Eine Blume, die stinkt und seltsam klingt. Und Fenchel schmeckt mir nicht. Daher habe ich mir einen ganz neuen Namen ausgedacht: Wanda Lianda aus Makkaronien.
Das klingt schön und ich liebe Makkaroni mit Tomatensoße“, sage ich, und lecke genüsslich meine Lippen.

„Weißt du, warum mir meine Eltern den Namen Finja gegeben haben?“

„Deine Mama liebte den Namen Finja. Es ist ein nordischer Vorname, dessen Bedeutung nicht vollständig geklärt ist. Wahrscheinlich geht Finja auf das altnordische Wort ‚*finnr*‘ zurück.“

„Ja, das habe ich auch herausgefunden.
Das Wort ‚*finnr*‘ bezeichnet eine Person, die in Finnland lebt."

„Dann weißt du sicher auch, das Finja für „rein, schön und freundlich“ steht? Übersetzt man den Namen Finja aus dem Nordischen, bedeutet es „die Wanderin“.
Wie du siehst, hat dein Name viele Bedeutungen“, fügt Kárral mit einem Lächeln hinzu.

„Und warum heiße ich mit Nachnamen Fenchel Titanwurz?“

„Deine Mutter war eine Pflanzennärrin und interessierte sich

auch für die Heilkräfte von Pflanzen. Fenchel war ein Lieblingstee deiner Mutter und gehört zu den ältesten Heilpflanzen. Die Samen wollen das Wissen um Heilpflanzen bewahren. Verräucherter Fenchel diente früher zur Vertreibung von Dämonen und Teufeln. Außerdem soll der Genuss von Fenchel den Menschen fröhlich stimmen. Deine Mutter Sunná wünschte sich, dass du ein fröhliches Kind bist."
„Und Titanwurz? Die Blume stinkt doch, oder?"
Ich rümpfe angeekelt die Nase.

Kárral witzelt: „Titanwurz, Amorphophallus titanum, heißt lateinisch „unförmiger Riesenpenis". Ähm, nun mal ernsthaft", er verschluckt ein leises Kichern, „Titanwurz ist die größte Blume der Welt. Den weltweit größten Titanwurz-Blütenstand hält eine Blume in Indonesien mit weit über drei Metern. Sie sondert einen Aasgeruch ab und lockt damit verschiedene Käfer an, die ihr zur Bestäubung dienen. Das ist äußerst klug von der Pflanze, oder?"
„Ja, die Pflanzen sind sehr einfallsreich im Überlebenskampf", stimme ich ihm zu.

„Ich weiß, dass deiner Mutter als Kind auch ein Wolkenpferd begegnete, wie dir und mir. Vielleicht hat unsere Familie eine besondere Anziehungskraft auf Wolkenpferde?"
„Du meinst, dass wir eine Veranlagung haben, Wolkenpferden zu begegnen?"
„Ja, das halte ich für sehr wahrscheinlich.

Sunnás Wolkenpferd hieß Titaani. Erkennst du die Namensähnlichkeit? Das Wolkenpferd reiste mit deiner Mama nach Sumatra in Indonesien, da sie sich wünschte, die größte Blume der Welt zu sehen. Wie du jetzt weißt, heißt sie Titanwurz. Deine Mutter war von der Schönheit und Größe der Blume so fasziniert, dass sie sich entschloss, den Namen der Blume als Nachnamen zu tragen. Und sie wollte ihn dir gerne weitergeben."
Jetzt verstehe ich die Bedeutung meines Namens besser.
Ich bin sehr berührt von der Geschichte.
Das habe ich nicht erwartet.
„Ich möchte jetzt wieder Finja Fenchel Titanwurz heißen", sage ich mit fester Stimme, und ein paar Freudentränen laufen mir die Wange hinab.
Gemütlich schaukeln Kárral und ich auf einer alten Hängematte, die auf der überdachten Terrasse des Hauses zwischen die Holzbalken gespannt ist. Schläfrig lege ich meinen Kopf auf Kárrals Schoß. Als ich aufwache, liege ich alleine in der Hängematte, zugedeckt mit einer Wolldecke und einem weichen Kissen unter meinem Kopf. Benommen muss ich kurz überlegen, wo ich eigentlich bin. Auf der Wiese sehe ich mein Wolkenpferd Pilvi grasen, und kann mich wieder an alles erinnern.
Aus dem Haus höre ich plötzlich Kinderstimmen, die immer lauter werden. Augenblicklich stehen Nilpa und Máren vor mir, Kárrals Kinder. Nilpa ist neun Jahre alt und Máren sieben.
Beide schauen mich mit großen, freudigen Augen an.
„Hallo! Ich bin Máren und das ist mein frecher Bruder Nilpa!", begrüßt mich das Mädchen lachend und bekommt von ihrem Bruder einen sanften Seitenhieb.
Das Lachen scheint ebenso in der Familie zu liegen, wie die besondere Verbindung zu Wolkenpferden.
„Und ich bin Finja, eure Cousine!", erwidere ich und umarme sie herzlich.

In diesem Moment tritt Kárral aus der Tür und läutet mit einer metallenen Glocke dreimal zum Essen.
„Ihr habt doch sicher Hunger?"
„Ja", brüllen wir alle gleichzeitig und rennen ins Haus hinein, wo seine Frau Láilá mit einem riesigen Kochlöffel am Herd steht.
„Ah, da ist ja meine kleine Nichte Finja. Endlich lerne ich dich auch kennen. Du wirst nach der langen Reise sicher einen Bärenhunger haben", lacht Láilá und rührt emsig in einem großen Topf, aus dem ein köstlicher Duft aufsteigt.
„Das Essen ist gleich fertig. Setzt euch schon mal an den Tisch!"
Es gibt das typische Donnerstagsessen mit Erbsensuppe, Pfannkuchen und Erdbeermarmelade.

Außerdem hat Láilá gefüllte Teigtaschen mit Milchreis gebacken.
„Was gibt es als Nachtisch?", fragt Nilpa, noch immer mit großem Appetit.
„Mämmi!", erwidert seine Mutter, verschwindet in der Küche und bringt in kleinen Schalen den Nachtisch.
„Mämmi, das klingt ja lustig. Was ist das?", frage ich verwundert.
„Ein traditionell gebackener Malzpudding. Der schmeckt super lecker!", sagt Máren und klopft ungeduldig mit ihrem Teelöffel auf den alten Holztisch. „Mama kocht fantastisch. Dürfen wir endlich anfangen?"
„Aber ja, ihr Schleckermäuler!"

Nach dem festlichen Abendbrot gehen alle in ihre Kojen schlafen. Ich schlafe bei Máren und Nilpa im Kinderzimmer. Zwischen ihren Kinderbetten haben sie eine Gästematratze auf den Teppich geschoben. Schummerig leuchtet auf dem Fensterbrett eine Petroleumlampe und taucht das

Kinderzimmer in ein magisches Licht. Durch ein offenes Fenster scheint das helle Licht des Vollmondes. Es lässt die schmalen Schatten eines Traumfängers über die Zimmerwände huschen.

Márens Kater Mauz streckt seinen grauen Rücken. Schläfrig legt er sich auf ein samtenes Kissen, das auf dem Kleiderschrank thront. Von dort hat er die beste Aussicht. Láilá setzt sich in einen Schaukelstuhl. Mit warmer Stimme beginnt sie eine Gutenachtgeschichte aus einem dicken zerfledderten Kinderbuch vorzulesen.

„Ein kleiner Wolkeneisbär und ein kleiner Wolkenpolarfuchs leben auf einer kleinen Wolke. Die Wolke schwebt hoch über Lappland. Beide haben wunderschönes weißes Fell. Sie streiten sich jeden Tag darüber, wer das schönere Fell besitzt. Beide sind sehr eitel und selbstverliebt. Sie gehen eine Wette ein. Derjenige, der auf der Erde, die meisten Bewunderer um sich versammeln würde, dürfte auf der Wolke wohnen bleiben. Die Wolke wird ihnen nämlich langsam zu eng, da beide immer größer werden. Auf der Erde machen sich der Eisbär und der Polarfuchs auf die Suche nach Bewunderern. Durch ihre auffällige weiße Fellfarbe sind die beiden in der grünen Wiesenlandschaft, durch die sie wandern, nicht gut getarnt. Sie wissen nicht, dass ihre Eisbär- und Polarfuchsverwandten auf der Erde in Schnee- und Eisgebieten wohnen, gut getarnt im weißen Schnee. In ihrer Eitelkeit haben sie nicht bedacht, dass es beim Aussehen nicht nur um Schönheit geht, sondern auch um die Überlebensfähigkeit in der Natur. Beide werden unglücklich von einem Wildjäger angeschossen und sind dem Tod nahe.

Mit letzter Kraft können sie sich in eine schützende Höhle retten. Hier lecken sie sich gegenseitig ihre Wunden. Der Speichel hat eine heilende Wirkung, und lässt sie nach einigen Tagen genesen. Aus zwei Konkurrenten werden nun zwei Freunde, die sich friedlich, ohne Streit und Missgunst die kleine Wolke teilen. Die Wolke wächst mit ihnen. Je reifer und größer sie werden, desto größer wird auch die Wolke, ihr gemeinsames Zuhause."

Nach der Geschichte schlafen die drei Kinder sofort ein. Láilá löscht die Petroleumlampe und geht auf Zehenspitzen leise aus dem Kinderzimmer. Mauz schnurrt zum Abschied.

Die ersten Sonnenstrahlen des nächsten Tages erhellen langsam das Kinderzimmer. Mauz räkelt sich genüsslich. Seine Vorderpfote ist im Kissen festgekrallt. Vermutlich hat er im Traum eine Maus gefangen. Mit einem eleganten Satz springt er aus dem offenen Fenster und geht auf Mäusejagd.

Geräuschvoll schlagen die Fensterflügel gegen die Außenwand und lassen uns Kinder aufwachen. Kárral und Láilá schlafen noch.

Flink laufen wir mit nackten Füßen über die taufeuchte Wiese, an dem noch schlafenden Wolkenpferd vorbei, zum See. Mit freudigem Gebrüll springen wir in das erfrischende Wasser. Zum Trocknen legen wir uns nackt auf die Wiese.

Ich kaue an einem Grashalm und lasse meine Gedanken baumeln. Plötzlich beginne ich wie ein Honigkuchenpferd zu grinsen.
„Hey, was ist denn mit dir los?“, fragt Máren neugierig.
„Ich habe da so eine Idee, was wir zusammen machen könnten. Das wird bestimmt ein doller Spaß!“
„Na los, verrate es uns schon!“
„Seid ihr schon einmal auf einem Wolkenpferd gereist?“
„Nein, noch nie. Aber unser Papa hat uns davon erzählt. So ganz geglaubt, haben wir seine Geschichte aber nicht.“, antwortet Nilpa.
„Da drüben steht mein Wolkenpferd Pilvi.“
„Ich dachte, das wäre ein normales Pferd.“
„Aber nein, haha! Hat euer Vater euch denn gar nichts von meiner Reise erzählt?“
„Nein. Vielleicht wollte er uns keine Flausen in den Kopf setzen. Oder er hatte Angst, dass wir auf dem Wolkenpferd davonreiten. Wie er damals auf Tuulikki.“
„Ach Quatsch! Das glaube ich nicht. Wie wäre es, wenn wir auf meinem Wolkenpferd eine Spritztour in den Himmel machen? “
„Oh, ja, ja! Das klingt nach einem tollen Abenteuer! Wir sind auf jeden Fall dabei, oder Máren?“, erwidert Nilpa begeistert.
„Klar! Wenn unsere Eltern nichts dagegen haben. Wohin geht unsere Reise, Finja?“
„Das weiß ich noch nicht genau.“

Eine Himmelsreise mit Zauberbonbons

Die Morgenluft ist noch kühl. Eingehüllt in wärmende Wollpullover klettern Nilpa, Máren und ich auf das Wolkenpferd Pilvi. Sein Fell schimmert rosa-orange wie die aufgehende Morgensonne.
Pilvi hat sich genügend ausgeruht und ist voller neuer Kräfte. Gemeinsam heben wir in die Lüfte ab. Pilvis Mähne weht wild im Wind. Das Wolkenpferd kommt mir etwas größer vor als sonst. Kann es vielleicht seine Größe ändern?
Auf jeden Fall ist es nicht zu eng auf dem Pferderücken. Ich sitze vorne, in der Mitte Máren und hinten Nilpa.
Wir rauschen an einer Wolke nach der anderen vorbei.
„Die Wolken sehen wie Schlagsahne aus. Wolkenschlagsahne“, giggelt Máren vergnügt.
Aus meinem Rucksack hole ich für jeden ein magisches Bonbon.

„Hier, ich habe noch für jeden einen Zauberbonbon von der Wolke der Mondgesicht-Überkopf-Wolkenwesen.

Sie verursachen schöne oder unangenehme Dinge.
Zum Beispiel verleihen sie Superkräfte oder man müffelt wie ein Stinktier. Lasst euch überraschen! Macht euch aber keine Sorgen, die Wirkung hält maximal fünfzehn Minuten an."
Máren nimmt ein gelb-violett gestreiftes Bonbon, das nach Zitrone und Aubergine schmeckt.
Ihre Körperteile werden plötzlich riesengroß.
Sie bekommt Ohren so groß wie bei dem Elefanten Dumbo.
Ihre Nase schnellt in die Länge wie bei Pinocchio, wenn er lügt. Und ihre Haare und Nägel wachsen so übermäßig wie beim Struwwelpeter.
Nilpa bricht in schallendes Gelächter aus.
„Hahaha, du siehst aber komisch aus!
Wie eine Schreckschraube mit Spaghettibeinen.
Deine Nase reicht ja fast bis Timbuktu!"

Máren findet das gar nicht toll, so ausgelacht zu werden und diese unschönen körperlichen Veränderungen an sich selbst zu spüren und zu sehen.
„Lass das, Nilpa, du bist echt gemein!", schreit Máren verärgert über die Schadenfreude ihres Bruders.
Nachdem die Wirkung des Zauberbonbons bei Máren abgeklungen ist, greift sich Nilpa das nächste Bonbon.
Er sieht sich schon als Superhelden, als mutigen Kämpfer gegen das Böse. Nilpa hat ein giftig rotes Bonbon, mit schwarzen Punkten gemustert, in den Mund genommen.
Es schmeckt nach Erdbeeren und ist scharf wie Peperoni.
„UIUIUI, ist das scharf!", keucht Nilpa und verzerrt sein Gesicht zu einer Grimasse. „AAAHHH! Helft mir!
Mein Mund fühlt sich an wie brennendes Feuer!"

Marén tut ihr Bruder leid, obwohl er eben noch so gemein über ihre Verwandlungen gelacht hat.

›Was hilft noch mal gegen scharfe Peperoni?‹
Máren überlegt hastig. Wasser ist es nicht, Milch ist es nicht ...
„Ah ja, ich hab's! Brot hilft!“, ruft sie erleichtert.
Aus ihrer Proviantbüchse kramt sie ein Stück
Roggenbrot heraus und gibt es Nilpa zu essen.
„Schnell! Iss das Brot! Das wird dir helfen!“
In kürzester Zeit verflüchtigt sich der
scharfe Geschmack der Peperoni.
Nilpa ist seiner Schwester sehr dankbar
für ihre Hilfe. Obwohl er sie gemein
behandelt hat, ist sie nicht nachtragend
und hat ihm geholfen.
Er entschuldigt sich bei Máren.
Die eigentliche Wirkung seines
Bonbons beginnt aber erst noch.
Das ist nur der Vorgeschmack gewesen.
Überall bekommt er grüne, dicke Pickel
und stinkt ganz fürchterlich.
„Ich fühle mich so schrecklich!
Ich stinke bestialisch und sehe aus wie ein Grützbeutel!“
Finja und Máren können ein leichtes Schmunzeln
nicht unterdrücken, lästern aber nicht über sein Aussehen.
Erleichtert atmet Nilpa auf, als die fünfzehn Minuten endlich
vorüber sind und die stinkenden Pickel verschwinden.

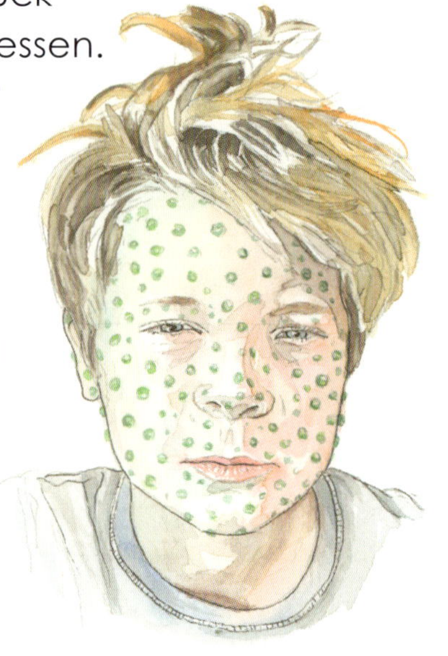

Jetzt bin ich an der Reihe. Ich weiß, dass die Bonbons mit den
unangenehmen Wirkungen in der Mehrzahl sind und mache
mich innerlich schon auf das Schlimmste gefasst.
Langsam greife ich nach einem hellblauen Bonbon
mit rosanen Streifen, und stecke es zögerlich
in den Mund. Es schmeckt lecker nach Blaubeeren
und Himbeeren mit einem Schuss Zimt.
Langsam beginnt die Wirkung des Bonbons.

So leicht wie ein Luftballon schwebe ich zwischen den Wolken über Pilvi, Nilpa und Máren hinweg.
„WOW! Ich kann fliegen! Ich kann alleine fliegen", rufe ich beglückt. „Das ist ja der Wahnsinn! Großartig! JUCHHU!" Eine Weile fliege ich mit einem Schwarm von Gänsen, auf denen ich Nils Holgersson[3] erblicke.
Ich kenne die Kindergeschichte von Nils Holgersson und den Wildgänsen, wie sie in den Lüften über Schweden fliegen.
Freundlich winke ich Nils zu. Er ist so groß wie ein Wichtel und hält sich am Hals der Gans fest.
„Hallo Nils Holgersson! Das ist ja eine Überraschung, dich hier zu treffen!"
„Guten Tag! Meinen lieben Gänserich Martin musst du aber auch begrüßen! Eigentlich solltest du auch unsere Anführerin, die ehrwürdige Akka, begrüßen, und natürlich freuen sich alle anderen Gänse ebenfalls über einen freundlichen Gruß!"
„Oh entschuldige! Hallo liebe Gänse! Ich grüße euch herzlich! Ich freue mich, euch kennenzulernen!"
„Tiere achten sehr auf Höflichkeit und Respekt, weißt du? Davon könnten sich die Menschen manchmal eine Scheibe abschneiden! Wer bist du eigentlich?"
„Ich heiße Finja Fenchel Titanwurz."
„Das ist aber ein schöner Name.
Hm, aber ein Mensch, der fliegen kann?
Das ist sehr ungewöhnlich!
Hat dich denn auch ein Wichtelmann verzaubert?
Als ich vierzehn Jahre alt war, wurde ich von einem in einen kleinen Wichtel verwandelt.
Früher war ich nämlich auch ein Mensch, so wie du."
„Aber nein!", lacht Finja.
„Kein Wichtel hat mich verwandelt.
Ich habe ein Zauberbonbon gelutscht.
Die Wirkung dauert aber nur fünfzehn Minuten an.

Es ist ein Geschenk der Mondgesicht-Überkopf-Wolkenwesen. Kennst du sie auch?"
„Ich bin ihnen noch nie begegnet. Merkwürdig! Dabei fliege ich schon so lange mit den Wildgänsen. Wir sind im Süden von Schweden aufgebrochen und haben nun endlich die Brutplätze in Lappland erreicht. Eine tolle Reise! So habe ich ganz Schweden kennengelernt! Bist du ganz alleine hier am Himmel?"
„Nein! Schau, dort hinten, auf der kleinen Wolke warten meine Freunde Nilpa und Máren auf mich. Wir reisen auf meinem Wolkenpferd Pilvi. Ich habe auch eine sehr lange Reise hinter mir."
„Ein Wolkenpferd? Wie sonderbar! Ich bin auf meiner ganzen Reise mit den Gänsen noch nie einem Wolkenpferd begegnet. Ich dachte, es gibt sie nur in Märchen", staunt Nils Holgersson. „Du musst ein Glückskind sein!"
„Meine Familie scheint eine besondere Verbindung zu Wolkenpferden zu besitzen. Meine Mutter und mein Onkel hatten auch Wolkenpferde. Vor ein paar Wochen flog Pilvi einfach so durch mein Kinderzimmerfenster. Komischerweise hatte ich kurz davor von seiner Existenz in einem seltsamen Wortband erfahren, das mein Brummkreisel ausgespuckt hatte."
„Das ist ja eine unglaubliche Geschichte! Warum bist du mit deinem Wolkenpferd auf eine Himmelsreise gegangen? Warst du auch so faul und bösartig wie ich? Mich hatte der Wichtelmann als Bestrafung in einen Wichtel verwandelt. Am Anfang habe ich mich tierisch geärgert, aber dann war ich unsagbar froh. Lieber wollte ich weiter mit den Gänsen über die Welt fliegen, als wieder ein Mensch zu werden."
„Und ich wollte herausfinden, wo ich geboren wurde, und wer meine wirklichen Eltern sind. Ich wachse nämlich bei meinen Pflegeeltern Pia und Peter auf."

„Hast du es denn herausgefunden?“
„Ja, ich wurde in Lappland geboren. Meine Eltern wollten mit mir nach Deutschland flüchten. Bei der Flucht sind mein Papa, und wahrscheinlich auch meine Mama gestorben.“
„Oh, das ist aber eine traurige Geschichte!
Trotzdem scheinst du ein fröhliches Glückskind zu sein!“
Ein lautes Gänseschnattern dringt zu uns hinüber.
„Unsere Anführerin Akka ruft mich. Wir müssen weiterfliegen.“
„Ich wünsche dir und deinen Gänsen eine gute Reise, Nils Holgersson! Hat mich sehr gefreut, dich kennenzulernen. Hei hei und guten Flug!“, rufe ich ihm zum Abschied fröhlich zu und winke ihm noch lange hinterher.
Ich fliege zurück zu der Wolke, auf der sich inzwischen Pilvi auch mit Nilpa und Máren angefreundet hat.
Kaum auf der Wolke angekommen, endet langsam die Wirkung des Zauberbonbons.
„Hast du noch so ein fantastisches Flugbonbon?
Ich würde auch gerne einmal alleine fliegen können“, fragt Nilpa etwas neidisch.
„Nein, leider nicht. Diese drei waren meine allerletzten magischen Bonbons.“

Pilvi macht uns darauf aufmerksam, dass wir demnächst die Regenbogenstraße erreichen würden. In der Ferne sehen wir einen bunt schillernden Regenbogen.
„Dort wohnen die wunderschönen Regenbogenvögel.
Ihr Gefieder ist bunt gestreift.
Dadurch erscheint uns der Regenbogen auf der Erde, so wie wir ihn kennen."
Ich weiß, dass sich mein Wolkenpferd Pilvi bei der Überquerung der Regenbogenstraße wie ein Regenbogen verfärben wird.
Was hätte Peter als begeisterter Vogelfreund für eine Freude, wenn er die Regenbogenvögel sehen könnte. Ich entscheide mich, ihm eine Feder dieser besonderen Vögel mitzubringen. Auch versuche ich, mir ihren Gesangslaut „tschiiiiiidillitschiep – tschiepdillidiiii" einzuprägen.
In diesem Moment vermisse ich Pia und Peter sehr.

Das zauberhafte Kindermädchen Lulu Violetta auf Wolke 7777

„Seht mal, dort vorne, der fliegende Regenschirm mit Propeller! Das ist bestimmt Lulu Violetta!“, wiehert Pilvi erfreut.
Tatsächlich fliegt uns das Kindermädchen Lulu Violetta entgegen, um uns allerherzlichst auf ihrer Wolke zu begrüßen.
„Hallo Finja, Nilpa, Máren und Pilvi!
Schön, dass ihr mich besucht!
Ich bekomme so selten Gäste auf meiner Wolke 7777.“
Lulu Violetta winkt uns fröhlich mit ihrem aufgespannten Propellerschirm zu und gleitet elegant zu uns herüber.

„Bitte, bitte, kommt doch herein auf meine Wolke 7777!
Es ist zwar kein Palast, aber ein gediegenes Sommerdomizil.
Hier bleibe ich immer so lange, bis der Wind sich wieder dreht.
Dann kann ich auf der Erde wieder Kinder besuchen,
die ein Kindermädchen brauchen."
Sie hält die Nase in den Wind, um die Windrichtung zu prüfen.
„Noch immer Nordwind", stellt sie äußerst ernsthaft fest.
In Wetterangelegenheiten lässt sie nicht mit sich spaßen.
Da ist sie sehr eigen.
„Bei Südwind muss ich zu den Kindern aufbrechen,
zu den Kindern auf der Erde. Meine Fähigkeiten
in der Kinderbetreuung sind dann sehr gefragt."
Mit diesen Worten klappt sie sorgfältig
ihren lustigen Regenschirm zu.

„Euch Drei habe ich noch nicht besucht.
Kommt ja vielleicht noch. Nehmt doch auf meinem
Wolkensofa Platz! Hier ist ein vorzüglicher Kleiderständer.
Da könnt ihr eure Pullover und Jacken anhängen!
Auf meiner Wolke ist es sehr warm und gemütlich.
Habt ihr auch Gepäck dabei? Ah, ich sehe schon."
Mit ein paar taktvollen Schlägen ihres Regenschirm fliegen
unsere Rucksäcke von ganz alleine auf eine Wolkenkommode.
Gebannt lauschen wir den Worten von Lulu Violetta und setzen
uns auf drei bequeme Sessel. Dabei wandern unsere Blicke
neugierig kreuz und quer über die sehr geräumige Wolke 7777.
Was es hier alles zu sehen gibt! In der einen Wolkenrundung
steht ein Gummibaum, daneben eine Gießkanne.
Im Eingangsbereich befindet sich ein violettes Schuhregal.
Davor, in einer endlos langen geraden Linie akkurat aufgereiht,
stehen schicke Stiefeletten, Hackenschuhe und Sandalen.
Alles schillert in violetten Farben. In der anderen Raumecke
versammeln sich ein Korb mit mehreren Regen- und

Sonnenschirmen mit Propellern, ein quietschrosanes Sofa und ein Kleiderschrank. Ja, sie hat tatsächlich nur einen Schrank!
„Glaubt ihr, dass alle ihre Kleider in nur einen Schrank passen? Das kann ich mir wirklich nicht vorstellen!“,
sage ich verblüfft zu Máren und Nilpa.
Pilvi erklärt uns: „Lulu kann doch zaubern! Ihr ganzer Haushalt passt sogar in eine einzige Reisetasche. Sie ist immer viel unterwegs.“
„Oh ja, das ist sehr, sehr praktisch! Magische Fähigkeiten sind einfach super nützlich. Sie können im Alltag vieles erleichtern, findet ihr nicht auch?“, fragt Lulu.
„Bestimmt! Aber leider können wir nicht zaubern.
Ach, wäre das toll! Dann müsste ich zu Hause nie mehr selber mein Zimmer aufräumen. Schnipps, ein Zauberspruch!
Und alles flöge im Handumdrehen auf seine Plätze.
In Sekundenschnelle wäre mein Zimmer blitzesauber.
Dann würde ich sogar gerne aufräumen, hihi!“,
sage ich lachend und schaue mich weiter staunend auf der Wolke 7777 um.
Ein Wolkenbett, eine Wolkenküche, ein Wolkenbadezimmer mit einer sehr großen wolkigen Badewanne – auf der Wolke 7777 gibt es wirklich vieles zu sehen!

„Na, habt ihr euch sattgesehen?“,
fragt Lulu Violetta schmunzelnd, mit einem Augenzwinkern.
„Sitzt ihr auch bequem? Was darf ich euch anbieten?
Orangenlimonade und Ingwer-Biskuits?
Ich habe auch ein ganz hervorragend schmeckenden Tee aus weißen Himbeeren.“
Die Gastfreundschaft von Lulu Violetta finden wir ausgesprochen liebenswürdig.
„Vielen, vielen Dank, Lulu Violetta! Wir haben uns immer ein Kindermädchen wie dich gewünscht!“

„Aber, aber,
liebe Kinder,
nicht so viele
Honigschmeicheleien."
Lulu Violetta hört gerne Lob.
Denn ein wenig eitel ist sie
schon, aber in Maßen.

Forschend blickt sie in einen
riesigen Kristallspiegel,
um zu sehen, ob ihr violetter
Hut auch richtig sitzt.
„Wozu habt ihr denn Lust,
hier auf meiner Wolke 7777?
Es gibt hier unendlich viele
Möglichkeiten zum Spielen!"

„Ich habe einen ganz besonderen Wunsch",
sage ich mit ernster Stimme.
„Dann mal raus mit der Sprache!",
ermutigt Lulu Violetta mich lächelnd.
Ich hole tief Luft und sage: „Ich würde gerne noch einmal meine wirklichen Eltern, Sunná und Ovlin, sehen.
Sie leben aber leider nicht mehr."
Lulu Violetta zieht ihre rechte Augenbraue hoch und scheint scharf nachzudenken. Ihr linker Schuh wippt auf und ab.
Dann sagt sie, etwas streng: „Ich denke, das lässt sich machen.
Eine halbe Stunde Besuchszeit müsste genehmigt werden."
Im Himmel gelten unter den Wolkenwesen nämlich auch gewisse Regeln und Gesetze. Hierfür sind die Wolkenrichter und Wolkenanwälte zuständig.
„Wahrscheinlich möchtest du mit deinen Eltern die halbe Stunde allein verbringen. Ich habe eine Gästezimmerwolke.
Oder ihr macht einen Spaziergang im Wolkengarten,
der duftet herrlich und ist gut für eure Lungen",
schlägt Lulu Violetta fröhlich vor.
„Oh, vielen Dank, Lulu Violetta!
Du erfüllst mir einen großen Wunsch!"
„Gern, Finja! Möchtet ihr, Máren und Nilpa, währenddessen auf meiner hundert Meter langen Serpentinenrutsche spielen?
Oder lieber auf dem Riesentrampolin springen?
Aber ich warne euch, die Federung ist sehr gut;
ihr könnt bis zu fünf Meter hochspringen. Seid bitte vorsichtig!
Pilvi wird auf euch achtgeben. Ja, Pilvi?"
Pilvi wiehert zustimmend. Máren und Nilpa sind von den beiden Vorschlägen begeistert.

„So, nun zu uns beiden, liebe Finja. Ich begleite dich ins Wolkengästezimmer. Du kannst auch gern in den Garten hinausgehen. In ein paar Minuten werden deine Eltern kommen. Inzwischen bereite ich etwas Leckeres zum Essen in der Küche vor. Und, ach du jemine, das habe ich ganz vergessen! Vielleicht könnt ihr mir nachher noch etwas im Haushalt helfen? Schon seit geraumer Zeit schiebe ich das vor mir her, da ich ständig auf Reisen gewesen bin.
Nach dem gigantischen Silvesterfeuerwerk letzten Jahres gab es eine ungeheure Luftverschmutzung durch Feinstaub.
Meine Wolke ist immer noch recht verdreckt,
besonders der Gartenbereich. Ein grauer, sandiger Staubschleier liegt überall drüber.
Ein wirklich hässlicher Anblick! Aber ich habe einen tollen leistungsfähigen Wolkenstaubsauger: einen Dusty-Cleaner-Superplus. Mit dem können wir nachher den Feinstaub aufsaugen."
„Wir helfen dir sehr gerne, liebe Lulu Violetta!" versichern Finja, Máren und Nilpa. Lulu Violetta fügt noch zwinkernd hinzu:
„Ihr drei wisst bestimmt, Arbeit kann auch Spaaaß machen!"
Máren und Nilpa laufen freudig in Richtung Serpentinenrutsche.

Ungeduldig warte ich im Wolkengästezimmer auf meine Eltern.
Zappelig vor Aufregung rutsche ich auf dem Sofa hin und her.
Mir schießen so viele Gedanken durch den Kopf.
Freude, Unsicherheit, Ängste – ich fühle mich wie ein Stimmungs-smoothie. Alle möglichen Gefühle durchströmen mich.
Nervös gucke ich auf meine Füße und zähle die Sekunden.
Wie aus dem Nichts, durch eine Wolke kommend,
stehen Sunná und Ovlin plötzlich leibhaftig vor mir.

Vor Überraschung schrecke ich zusammen.
In meinem Gesicht strahlt ein breites glückliches Lächeln.
Es scheint von innen zu leuchten. Gleichzeitig laufen mir Tränen über die Wangen, vor Freude, Traurigkeit und Überwältigtsein.
Anfangs bekomme ich kein Wort heraus, nicht mal mein „wunderirribaffsuperdatterperplexatisch".
Meine Eltern gehen auf mich zu, und nehmen mich liebevoll in die Arme. Eine Weile stehen wir nur reglos da und halten schweigend einander fest.
Es kommt mir wie eine Unendlichkeit vor.
Ich verliere jedes Gefühl für Raum und Zeit.
„Mama, Papa", sind meine ersten leisen, zögerlichen Worte.
„Finja!", sagen meine Eltern überwältigt.
„Es ist so wunderbar, dich zu sehen!
Wir haben es uns so gewünscht.
Unser kleines Mädchen!
Wie groß du geworden bist!"
„Lebt ihr auch auf einer Wolke?"
Langsam beginnt sich meine Zunge aus ihrer Lähmung zu befreien.

„Nein, wir leben auf einem Stern im Universum. Wir sind unsichtbar wie der Wind. Aber wir existieren. Und wir können dich auf der Erde spüren. Wie zwei große Magnetfelder, die sich gegenseitig berühren. Es ist eine andere Daseinsform, die der auf der Erde in keiner Weise gleicht", versucht mein Vater Ovlin mir zu erklären. „Es tut uns so leid, dass du ohne uns aufwachsen musstest, und wir dich durch unseren Tod so früh verlassen haben. Vielleicht war unsere Flucht eine falsche Entscheidung. Aber sie lässt sich leider nicht mehr rückgängig machen."

Traurig legt er seinen Arm um meine Schulter und blickt mich liebevoll an. Auch der sanfte Blick meiner Mama, Sunná, ruht auf meinem Gesicht.

Ich lächele meine Eltern an. Gleichzeitig wische ich mir eine kleine Träne von meiner Wange. Unsere Blicke verbinden uns wie ein unsichtbares Band, dass sich um unsere Schultern legt. Wir sind eine Familie.

Papa findet wieder zu seinen Worten zurück:

„Damals dachten wir, es wäre der beste Weg für uns. Leider kam alles anders. Wir waren sehr arm, und konnten die Reise nur zu Fuß unternehmen. Die Flucht war für uns sehr anstrengend."

„Ich weiß, Papa. Ein Schamane hat mich in meine Vergangenheit blicken lassen. So habe ich von unserer Flucht erfahren, von meinem Bruder Isku und unseren Rentieren. Bitte seid nicht traurig", versucht Finja ihre Eltern zu trösten.

„Du bist ein starkes Mädchen, meine kleine, große Finja!", sagt ihre Mama stolz und schließt sie in ihre Arme.

„So tapfer und mutig."

„Wir müssen versuchen, die Wirklichkeit so anzunehmen, wie sie ist. Bist du glücklich bei Pia und Peter?", fragt mich mein Vater.

Ich überlege.
Was kann ich auf diese schwierige Frage antworten?
Bin ich so glücklich, wie ich mit meinen richtigen Eltern glücklich gewesen wäre? Es kommt mir vor, als müsste ich durch die Frage meine Gefühle auf eine Waagschale legen und bewerten, welches Glück das Größere ist.
Das möchte ich aber nicht. Eigentlich ist es unmöglich, auf diese Frage zu antworten – und doch sage ich nach einer Weile in einem klaren Ton: „Ja, ich bin glücklich bei ihnen.
Ich liebe Pia und Peter und sie lieben mich. Wir verstehen uns sehr gut. Hier und da streiten wir uns auch mal, aber eher selten. Meistens versöhnen wir uns wieder schnell. Ich habe auch eine lustige Patentante. Sie heißt Luna Mathilda Brokkoli."
„Das freut uns sehr! Sie können unsere Liebe nicht ersetzen, aber sie geben dir ein eigenes Gefühl von Liebe.
Und das zählt", sagt meine Mutter und streichelt durch meine windzerzausten Haare. „Du hast ja nun auch meinen Bruder Kárral und seine Familie in Finnland kennengelernt. Darüber sind wir sehr froh. So besteht auf der Erde noch ein familiäres Band zwischen dir und uns."
Ich sehe auf die Uhr, nur noch zwei Minuten, dann ist die halbe Stunde um. Eigentlich habe ich noch so viele Fragen, die in zwei Minuten keinen Platz finden. Anstatt jedoch zu fragen, umarme ich meine Eltern mit geschlossenen Augen:
„Ich liebe dich, Mama. Ich liebe dich, Papa.
Ihr werdet immer in meinem Herzen sein."
Als ich meine Augen wieder öffne, bin ich wieder allein im Wolkengästezimmer. Meine Eltern sind so geheimnisvoll verschwunden, wie sie gekommen sind. Ich weine.

Lulu Violetta tritt leise an mich heran, und nimmt mich in ihre Arme, um mich zu trösten.
„War das Treffen mit deinen Eltern schön?"
„Ja", wispere ich und wische mir noch die letzte Träne von der Wange.
Ich weiß selbst nicht, ob ich aus Freude oder Traurigkeit weine.
Máren und Nilpa kommen, völlig aus der Puste, angerannt und strahlen vor Freude.
„Finja, die Rutsche und das Trampolin waren – ", und alle sagen zusammen „wunderirribaffsuper-datterperplexatisch" und lachen.
„So, jetzt lasst uns zusammen wolkenstaubsaugen! Der Feinstaub muss weg!"
Lulu Violetta holt den großen Riesenstaubsauger Dusty-Cleaner-Superplus und erklärt uns, wie er zu bedienen ist. Er sieht aus wie ein moderner Roboter-Staubsauger und funktioniert natürlich ohne Strom.
„Ihr müsst ein Lied singen, sobald ihr aufhört, saugt der Staubsauger nicht mehr. Euer Gesang liefert dem Staubsauger die Energie. Es ist ganz einfach.
Lulu Violetta beginnt zu trällern. „Na los, Finja, Máren, Nilpa, ihr auch! Jeder eine Strophe! Denkt euch etwas aus. Lasst eurer Fantasie freien Lauf."
Jeder singt ein anderes Lied.
Verschiedenartige Melodien mischen sich zu einem chaotischen Singsang. Wild purzeln unsere Worte und Töne durcheinander. Tanzend wirbeln wir umher, klatschen rhythmisch in die Hände, und produzieren akrobatische Sprünge wie Mick Jagger auf der Bühne.
Dank der musikalischen Energie arbeitet der Staubsauger auf Hochtouren und saugt den ganzen Feinstaub auf.
Die Wolke ist wieder schneeweiß. Nach getaner Arbeit fallen wir erschöpft auf den Wolkenboden und schauen still

ins unendliche Universum. Vor uns funkelt ein gigantisches Lichtermeer aus Abertausenden kleinen und großen Sternen. Wir sind hypnotisiert von dieser kosmischen Schönheit. Am nächsten Morgen verabschieden wir uns von der zauberhaften Lulu Violetta.

„Au revoir!“, ruft sie uns noch fröhlich hinterher. „Beim nächsten Mal treffen wir uns vielleicht bei euch auf der Erde.“

Heimkehr

Sanft landet Pilvi auf der Blumenwiese vor dem roten Holzhaus. Kárral und Láilá stehen auf der Terrasse und winken uns lebhaft zu. Glücklich umarmen wir uns alle.

„Stellt euch vor, wir haben Lulu Violetta auf ihrer Wolke 7777 getroffen! Máren und ich sind auf einer riesigen Serpentinenrutsche durch die Wolkenlandschaft geschliddert", sprudeln begeistert die Worte aus Nilpas Mund.

„Und auf einem megagroßen Trampolin sind wir turmhoch in den Himmel gesprungen! Ich dachte schon, mein Kopf stößt gleich mit einem Stern zusammen", ruft Máren enthusiastisch.

„Wie war die Reise für dich, Finja?",
fragt mich Láilá, die meine Traurigkeit spürt.

Verhalten antworte ich: „Durch Lulu Violettas Zauberkräfte konnte ich meine Eltern wiedersehen. Wir trafen uns für eine halbe Stunde in ihrem Wolkengästezimmer. Das war schön und traurig zugleich. Ich weiß nun endlich, woher ich komme. Jetzt kann ich mit Pilvi zu Pia und Peter zurückfliegen!"
Nach einer kurzen Pause füge ich hinzu: „Aber ich würde gerne einmal in den Winterferien zu euch zurückkommen! Wir könnten dann mit den Rentieren im Schnee Schlitten fahren."
„Oh ja, das ist eine tolle Idee!", jubelt Máren. Wild durcheinander rufend planen wir unser nächstes Wiedersehen. Ich verbringe mit meinen finnischen Verwandten noch zwei sehr schöne Tage im roten Haus am See.

Auf dem Rückweg nach Hause fliegt Pilvi die kürzeste Route über die Wolkenautobahn. Sicher landen wir im Vorgarten meines Elternhauses. Hinter der Düne höre ich das Meer brausen.
Flink springe ich vom Pferderücken und streichele zum Abschied Pilvis Mähne. Zärtlich kraule ich ihn hinter seinen Ohren; das mag das Wolkenpferd besonders gern.
„Bis bald, Pilvi! Du bist mir ein guter Freund gewesen. Komm mich bald wieder besuchen! Ich freue mich schon auf das nächste Abenteuer mit dir!"
Mit einem freudigen Wiehern erhebt sich Pilvi schwungvoll in die Lüfte und verschwindet hinter dem Horizont in den Wolkenbergen.

Überglücklich renne ich zu Pia und Peter und falle ihnen in die Arme.
Meinem Vater Peter schenke ich die Feder des Regenbogenvogels und meiner Mutter Pia eine samische Schmuckkette, die Láilá angefertigt hat.
„Ich muss euch eine ganz lange Geschichte erzählen!"
„Hey Wanda, du bist ja ganz aus dem Häuschen!", wundert sich Peter. „War dein Urlaub bei Tante Luna so aufregend? Erzähl, was hast du erlebt? Und woher hast du diese ungewöhnlichen Geschenke?"
„Könnt ihr mich ab jetzt wieder Finja nennen, Finja Fenchel Titanwurz?"
„Klar! Wie kommt denn dein Sinneswandel zustande?", fragt Pia überrascht.
„Ähm, ich muss euch etwas beichten. Also, ich war gar nicht bei Tante Luna. Mein Wolkenpferd Pilvi und ich waren auf einer unglaublichen Reise.
Ich wollte unbedingt auf die Suche nach meinen leiblichen Eltern gehen. Na, und da habe ich einiges erlebt!
Wo soll ich bloß anfangen?"
„Na, komm erst mal rein ins Haus! Ich koche uns heißen Kakao und schiebe noch rasch den Apfelstrudel in den Ofen.
Du kannst uns dann alles in Ruhe erzählen. Deine Geschichte klingt ja wirklich sehr außergewöhnlich. Luisa hat übrigens angerufen und gefragt, ob du schon wieder zurück bist.
Vielleicht rufst du sie gleich zurück? In dreißig Minuten ist der Kuchen fertig. Im Garten machen wir dann ein gemütliches Picknick. Das magst du doch so gern", schlägt Pia vor.
Ich flitze in mein Kinderzimmer, werfe den Rucksack auf den Teppich, und greife aufgeregt zum Telefon:
„Hey Luisa, ich bin es! Ich bin wieder da.
Möchtest du nachher vorbeikommen? Ich frag mal, ob du heute bei mir übernachten kannst. Hast du Zeit?"

„Ja, natürlich! Das wäre prima! Du musst mir alles haargenau erzählen. Ich bin ja schon so gespannt! Deine beiden Briefe sind übrigens angekommen. Auf dem Briefumschlag klebte etwas Taubenkacke, hihi. Ist Pilvi noch da?"
„Nein, leider nicht. Aber mein Wolkenpferd kommt mich bald wieder besuchen. Dann können wir zusammen eine Wolkenspritztour machen.
Du, Sekunde mal! Ich glaube, Mama ruft mich gerade. Sie hat einen Kuchen gebacken. Ich möchte ihnen gleich alles berichten. Die werden Augen machen. Hoffentlich glauben sie mir.
Bis nachher, Luischen! Ich freue mich auf dich!"
„Und ich mich erst! Bis später!"

Bewegt erzähle ich meinen Eltern und Luisa ausführlich vom Wolkenpferd Pilvi und meiner unglaublichen Reise.

- Ende -

COUSINE MÁREN
COUSIN NILPA
TANTE LÁILÁ
TUULIKKI

ELTERN OVLIN & SUNNÁ
ONKEL KÁRRAL
TITAANI

Anhang

(der gar nicht langweilig ist!)

Meine unglaubliche Geschichte ist zwar schon zu Ende (das heißt, eigentlich enden Geschichten ja nie so wirklich), aber wenn du Lust hast, etwas mehr über die bekannten Kinderbuch-Figuren aus meiner Geschichte und über das Volk der Samen zu erfahren, dann höre mir doch einfach noch etwas zu. Warte, ich schnappe mir noch meine Tasse Kakao, und dann geht es los.

Es war einmal ...

[1] Zu „Der Kleine Prinz“:

Ich entdeckte das Buch „Der Kleine Prinz“ im Bücherregal von Pia und Peter.

Sofort war ich fasziniert von dem kleinen Wesen, das auf einem fernen Planeten lebt. Der Autor des „Kleinen Prinzen“ hat einen lustigen Namen. Er heißt Antoine de Saint-Exupéry und kommt aus Frankreich. Er wurde 1900 geboren und ist nur 44 Jahre alt geworden. Vermutlich ist er mit einem Flugzeug abgestürzt. Neben seiner Schriftstellerei war er nämlich auch Berufspilot. „Der Kleine Prinz“ ist sein bekanntestes Werk. 1943 erschien das Buch zum ersten Mal in New York. Das Buch über den Kleinen Prinzen gehört zu den meist gelesenen Büchern der Welt! Es ist in zahlreiche Sprachen übersetzt worden.

Die Erzählung vom Kleinen Prinzen ist ein bisschen wie ein fantastisches Märchen. Und ich liebe Märchen! Du auch?
Meine Mama meint, dass der Schriftsteller mit diesem Buch auch das Verhalten von uns Menschen kritisieren wollte. Ich finde das auch. Lies das Buch am besten selbst! Dann weißt du, was ich meine.
Der Erzähler berichtet am Anfang der Geschichte, wie er als sechsjähriges Kind seine erste Zeichnung fertig gezeichnet hat. Das Bild zeigt eine Riesenschlange, die einen Elefanten verdaut. Die Erwachsenen erkennen aber in dem Bild nur einen Hut. Sie empfehlen dem Jungen, mit dem Zeichnen aufzuhören. Unfassbar, oder?
Der Junge passt sich nun an die Welt der „großen Leute“ an. Aber er fühlt sich allein und unverstanden.
Er hat mir beim Lesen echt Leid getan!
Als Erwachsener begegnet er nach einer Notlandung mit seinem Flugzeug in der Wüste Sahara dem Kleinen Prinzen.
Der Kleine Prinz erzählt ihm von seinen Reisen zur Erde. Eigentlich wohnt der Kleine Prinz nämlich auf einem winzigen Planeten. Hier ist er hauptsächlich damit beschäftigt, Affenbrotbäume herauszureißen, und seine drei Vulkane zu säubern. Seine einzige Gesprächspartnerin ist eine rote Rose.
Der Kleine Prinz erzählt dem Piloten von seiner Suche nach Freunden.
Auf anderen Planeten trifft er auf einsame Menschen, die nur an sich selbst denken: zum Beispiel auf einen König, der über ein eingebildetes Königreich herrscht, und für den der Kleine Prinz nur ein Untertan ist. Dann trifft er einen eitlen Menschen, der in ihm nur einen Bewunderer sieht. Auf dem letzten Planeten begegnet ihm ein Alkoholiker, der trinkt und trinkt und trinkt, um seine Trunksucht zu vergessen. Und zum Schluss einen Geschäftsmann, der sich einbildet, die Sterne wären sein Eigentum ... Verrückt, oder?

Eine Giftschlange warnt ihn in der Sahara vor der Härte und Einsamkeit unter den Menschen. Sie verspricht, ihm zu helfen, wenn sein Heimweh zu groß würde.
Auf der Erde begegnet ihm auch ein Fuchs, der ihm ein Geheimnis verrät: „Man sieht nur mit dem Herzen gut. Das Wesentliche ist für die Augen unsichtbar.“
Der Kleine Prinz erkennt, dass seine Rose das einzige ist, was er wirklich liebt.

[2] Zu „Momo“:

Erinnerst du dich an Gustu? Die kleine Schildkröte Gustu meines Onkels Kárral freundete sich mit Momos Schildkröte Kassiopeia an. Hast du schon einmal von dem kleinen Mädchen Momo gehört? Der deutschsprachige Schriftsteller Michael Ende veröffentlichte 1973 diesen wunderbaren Märchen-Roman. Der Titel und die Hauptfigur heißen „Momo“. Der vollständige und unheimlich lange Untertitel lautet: „Die seltsame Geschichte von den Zeit-Dieben und von dem Kind, das den Menschen die gestohlene Zeit zurückbrachte.“
Der Autor lebte von 1929–1995. Er gehört zu den erfolgreichsten deutschen Jugendbuchautoren.

1974 wurde „Momo“ mit dem Deutschen Jugendbuchpreis ausgezeichnet.

Möchtest du wissen, worum es in dieser Geschichte geht?

Also, pass auf: Das kleine Mädchen Momo kämpft gegen eine Übermacht von Zeitdieben, die Grauen Herren. Diese Mächte des Bösen stehlen den Menschen ihre Lebenszeit und Freude am Leben. Mit persönlichem Mut und der Hilfe guter Mächte gelingt es Momo am Ende die Grauen Herren zu besiegen.
Sie lebt in einer Großstadt in Südeuropa, umgeben von großen nüchternen Neubauvierteln, in einem alten, zerfallenen Amphitheater. Vielleicht erinnerst du dich an ihren dunklen Lockenkopf, an ihre pechschwarzen Augen und den kunterbunten Flickenrock, den sie trägt?
Momo, aus einem Kinderheim entlaufen, ist zwar arm, besitzt aber eine besondere Gabe: sie kann sehr gut zuhören.
Die Kinder der Stadt lieben es, bei ihr zu spielen und sie bringt die besten Eigenschaften ihrer Mitmenschen zum Vorschein.
Ihre besten Freunde sind der weise Beppo Straßenkehrer und der lustige, leichtsinnige Gigi Fremdenführer, ein fantasievoller Geschichtenerzähler.
Dann schleichen sich die Grauen Herren zwischen die Bewohner der Stadt.
Als angebliche Agenten der Zeitsparkasse überreden sie die Menschen, ihre Zeit einzusparen, indem sie vermeintlich nutzlose Tätigkeiten aus ihrem Leben zu streichen.
Die Menschen werden Zeitsparer: Sie arbeiten schneller und effizienter, hetzen durch den Tag, und gönnen sich weder Pausen noch Vergnügen. Trotz ihres eifrigen Zeitsparens haben die Menschen immer weniger Zeit. Alle verdienen zwar mehr Geld, aber ihr Leben ist freudlos und grau geworden. Niemand nimmt sich mehr Zeit für den anderen.
Momo erkennt, dass ihre Freunde immer unglücklicher werden, und möchte ihnen helfen.
Die Schildkröte Kassiopeia taucht auf und führt Momo bis an den Rand der Zeit, wo das Reich des Meisters Hora beginnt.
Er verwaltet die Zeit und teilt den Menschen ihre Lebenszeit zu.

Was diese damit machen, liegt bei ihnen selbst.
In den Herzen der Menschen wachsen Stundenblumen.
Sie stehen für ihre Lebenszeit. Die grauen Herren stehlen
die Stundenblumen der Menschen, drehen sich aus den Blüten
Zigarren und erhalten sich damit am Leben.
So gewinnen sie immer mehr Kontrolle über das Leben
der Menschen.

Doch Momo findet einen Weg, die Menschen zu retten,
und ihnen ihre Lebensfreude zurückzubringen.

[3] Zu „Nils Holgersson“:

Das war eine Überraschung, als mir Nils Holgersson auf meiner Himmelsreise begegnete. Ihr kennt die Geschichte vom kleinen Wichtel Nils nicht?
Das meiste über seine Lebensgeschichte hat er uns ja schon von sich erzählt.
„Die wunderbare Reise des kleinen Nils Holgersson mit den Wildgänsen“ lautet der Titel eines Romans der schwedischen Schriftstellerin Selma Lagerlöf. Sie lebte von 1858 bis1940. Das Buch erschien 1906/1907. Selma Lagerlöf hat lange Zeit als Lehrerin gearbeitet. Sie schrieb das Buch als Lesebuch für die Schule. Damit wollte sie den Kindern die Landeskunde Schwedens näherbringen. Ich finde, das ist eine tolle Idee! Es ist das erfolgreichste schwedische Buch für junge Lesende, bevor Astrid Lindgren Bücher zu schreiben und veröffentlichen beginnt.
Selma Lagerlöfs Bücher zählen zur Weltliteratur. Als erste Frau erhielt sie 1909 den Nobelpreis für Literatur.

So, jetzt erzähle ich dir noch etwas über Nils Lebensgeschichte. In Südschweden lebt auf einem kleinen Bauernhof der 14-Jährige Nils Holgersson.
Er macht seinen Eltern nur Kummer, weil er faul und bösartig ist. Eines Tages wird Nils Holgersson zur Strafe für einen bösen Streich an einem Wichtelmann von diesem selbst in ein Wichtelmännchen verwandelt. Der zahme Gänserich Martin möchte sich den Wildgänsen anschließen. Die Gänse sind auf ihrem Weg zu ihren Brutgebieten in Lappland. Nils will den Gänserich daran hindern. Da er immer noch so klein wie ein Däumling ist, gelingt ihm das aber nicht.
Der Gänserich hebt, mit Nils auf dem Rücken, einfach ab und fliegt mit den anderen Gänsen fort. Durch die vielen Abenteuer, die er überstehen muss, lernt er, für andere da zu sein. Vom Nichtsnutz wandelt er sich zum hilfsbereiten Jungen. Der Wichtel, der später lieber mit den Gänsen weiterfliegt, und kein Mensch mehr sein möchte, reist durch ganz Schweden. So lernt er die Natur, die Geschichte, die Kultur und die Städte Schwedens kennen.
Am Ende der Geschichte kehrt er als verlorener Sohn heim, rettet seine Eltern vor dem Bankrott, und seinen gefiederten Freund Martin vor der Schlachtung.

Schöner kann ein Happy End kaum sein, oder?

Du möchtest wissen, wer die Samen eigentlich sind?

Hier findest du Wissenswertes über ihre Geschichte und Kultur:

Ich hatte dir von Finjas samischer Herkunft erzählt. Das Volk der Samen – sie nennen sich selbst Sámi – hat eine lange und konfliktreiche Geschichte. Die Sámi hatten ursprünglich eine nomadische Lebensweise: um ihre Nahrung zu sichern, ziehen sie mit ihren Herden umher – immer auf der Suche nach guten Weidemöglichkeiten für ihre Rentiere. Bis ins 16. Jahrhundert hinein leben die meisten Sámi nomadisch.

Die Sámi leben in den nördlichen Gebieten Norwegens, Schwedens, Finnlands und auf der russischen Kola-Halbinsel. Das samische Volk pflegt eine eigene Sprache und Kultur, die bei uns in Mitteleuropa wenig bekannt ist.

Hier liegt Jnari

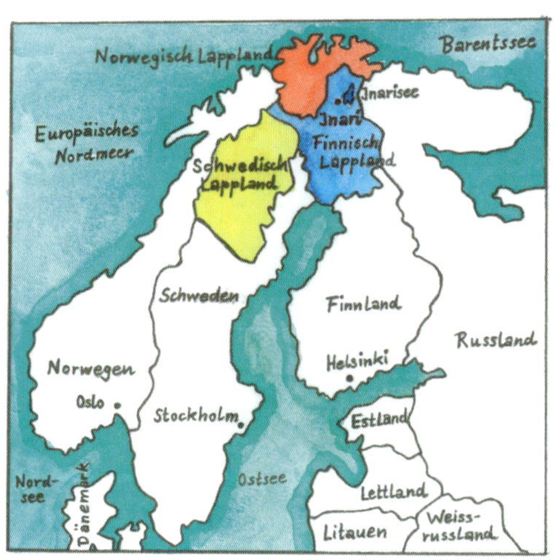

Welche Sprache sprechen die Sámi?

Die samische Sprache wird auch als Saami bezeichnet und oft nach ihrer örtlichen Lage eingeteilt. Von den bekannten, ehemals elf samischen Sprachen gibt es bereits zwei nicht mehr. Nordsamisch ist die verbreiteste samische Sprache mit ca. 17.000 Sprechern. Darauf folgen Lulesamisch mit ca. 800 Sprechern, ... Inarisamisch, die Sprache von Finjas Eltern, ist in Nordfinnland am Inarisee angesiedelt und hat ca. 330 Sprecher.

Jetzt erzähle ich dir etwas mehr über die Geschichte der Sámi:

Die Geschichtsforscher und -forscherinnen wissen, dass die Sámi schon seit 10.000 Jahren in diesen Gebieten umherziehen. Bereits im 2. Jahrtausend vor Christus beginnen die Sámi, Rentiere zu züchten. Heute hat die Rentierwirtschaft unter den Sámi stark abgenommen.
Die genaue Herkunft der Sámi bleibt aber unklar.
Im Mittelalter gibt es zwischen den Wikingern und den Sámi immer wieder Feindseligkeiten. Trotzdem haben die beiden Völker aber auch Handel miteinander betrieben.
Im späteren Mittelalter beginnen die skandinavischen Staaten Steuern zu erheben und sich das Land der Sámi anzueignen. Das war echt fies! Die Unterdrückung der Sámi findet hier ihren Anfang.

Ab dem 17. Jahrhundert beginnt sich die Situation der Sámi weiter zu verschlechtern. Es werden strenge Steuern erhoben. Die Sámi werden durch die Kirche zum christlichen Glauben gezwungen. Ihr Land wird ihnen von fremden Siedlern weggenommen. Häuser und Kirchen werden gebaut.
Die Sámi werden immer mehr in die Sesshaftigkeit gedrängt. Es kommt zur Zwangsarbeit. Armut breitet sich unter den Sámi aus.

Im 18. Jahrhundert werden samische Glaubensstätten zerstört. Kleine Verbesserungen gibt es nur in der rechtlichen Stellung der Sámi. Zum Beispiel werden ihre Jagdrechte gegenüber den Siedlern klarer geregelt.
Mit den ersten Eisenbahnen werden die Sámi weiter aus ihrem Land verdrängt. Man verbietet den Sámi auch zwischenzeitlich ihre Muttersprache zu sprechen.

Bevor die Christen versuchen den Sámi, ihre Religion aufzuzwingen, folgen die Sámi einer Naturreligion, dem Schamanismus. Schamanen benutzen heilige Trommeln, um mit den Göttern, der Natur und der Geisterwelt in Verbindung zu treten.

Haben die Sámi eine eigene Flagge?

Die Sámi haben seit 1986 eine eigene, offizielle samische Flagge, in den Farben blau, gelb, grün und rot. Die Farben symbolisieren die Elemente Himmel, Sonne, Erde und Feuer. Auch die Bekleidung der Sámi ist durch diese Farben bestimmt. Durch ihre Lebensweise und das nordische Klima werden in der traditionellen samischen Kleidung vor allem Leder und Wollstoff verarbeitet.
Der Schamane in meiner Geschichte lebt wie die Sámi in einer Kote, auch Goathie genannt.

Wie leben die Sámi heute?

Leider gibt es auch heute noch Konflikte zwischen den Sámi und den Landesregierungen der Gebiete, in denen die Sámi leben. Der Anteil der Sámi an der Gesamtbevölkerung ist gering. Einige Sámi leben immer noch von der Rentierwirtschaft, vom Fischfang und vom Robbenfang. Die uneingeschränkte Nutzung ihrer Lebensräume wird den Sámi weiterhin verwährt.
Als Minderheit kämpfen die Sámi weiterhin für ihr Recht auf Selbstbestimmung und das von ihnen besiedelte Land nutzen zu dürfen.

Quellen

Hier kannst du oder deine Eltern weiterlesen.
Es gibt natürlich noch viel mehr Literatur zu dem Thema:

- https://eeo.aau.at/eeo.aau.at/index7e78.html?title=Samisch_%28%C3%9Cberblick%29 (Artikel von Prof. Dr. Dr. h.c. Eberhard Winkler)

- https://www.skandinavisch.net/samen-volk

- „Erzählung vom Leben der Lappen“, herausgegeben von Johan Turi, Die Andere Bibliothek, 1. Edition 2014, 320 Seiten; Ersterscheinung 1910

Laura Hari

1982 geboren, in Brandenburg/Havel aufgewachsen.
Seit ihrer Kindheit interessiert sie sich für Kunst und Bücher.

Die Geburt ihrer Tochter 2017 inspirierte sie dazu, ein Kinderbilderbuch zu schreiben und zu illustrieren: „Der Tag, an dem ein Delphin-Zebra-Schmetterling vom Papier verschwand" erschien 2018 im Westkreuz-Verlag. 2019 erschien im Autumnus Verlag Berlin das Kinderbuch „Malon Meerpol – Mayapán".

Laura Hari hat Bildende Kunst an der Universität der Künste Berlin studiert (2009 Meisterschülerin von Prof. Frank Badur). An der Charité Berlin absolvierte sie ein Studium der Humanmedizin (bis 2013). Seit 2014 arbeitet sie als Assistenzärztin in der Neurologie. 2016 promovierte sie im Bereich Psychiatrie/Kunsttherapie (Dr. med.).

„Finja Fenchel Titanwurz –
Die Reise auf dem Wolkenpferd"
ist ihr drittes Kinderbuch.

Homepage von Laura Hari:
https://laura-hari.de

DANKSAGUNG DER AUTORIN

Ich möchte mich herzlich bei ALLEN bedanken,
die mein drittes Buchprojekt unterstützt haben.
Besonderen DANK an meinen Ehemann Drago Hari.
DANKE an die Grafikerin Luise John für die schöne grafisch-digitale
Umsetzung der Umschlag- und Innengestaltung des Buches.
DANKE an die Lektorin Meret Wahlen für die wunderbare Zusammenarbeit.
DANKE an Charlotte,
dass du mir für Finja dein Gesicht geliehen hast.
DANKE an Frida und Onno,
deren Gesichter mir für Luisa und Julian Vorbild waren.
DANKE an Maike alias Luna Mathilda Brokkoli.
DANKE an die Schauspielerin Désirée von Delft und ihren Mann,
den Opernsänger Jacoub Eisa alias Pia und Peter.
DANKE an Julia, Mirko, Marlene und Egon
alias Láilá, Kárral, Máren und Nilpa.
DANKE an die Schauspieler Alma Rehberg und Nicolai Tegeler
alias Sunná und Ovlin.
DANKE an Prof. Markus Köhler.

Herzlichen DANK an das Verlagsteam des Autumnus Verlages,
speziell an die Verlegerin Mareile Herbst und ihr großes Engagement.